Só nós

Claudia Rankine

Só nós

Uma conversa americana

tradução
Stephanie Borges

todavia

Você vai até lá procurando justiça, e o que você encontra, só nós.*

Richard Pryor

Quando nos definimos, quando defino a mim mesma, o lugar em que sou como você e o lugar em que não sou como você, eu não a estou impedindo de unir-se a mim — estou ampliando as possibilidades de união.

Audre Lorde

* O título original *Just Us* pode significar "só nós" e "só os Estados Unidos" (US). Como as reflexões sobre convivência perpassam o livro, optou-se por destacar a primeira pessoa do plural e a aliteração. No entanto, há um jogo intraduzível entre a sonoridade de *justice* (justiça) e *just us* em inglês, que na frase de Pryor alude ao fato de pessoas negras buscarem a justiça e raramente verem agressores racistas responderem pelos seus atos. A condenação do ex-policial Derek Chauvin pelo assassinato de George Floyd é considerada um marco por ser uma exceção diante do histórico de impunidade de violência policial. [N. T.]

Para nós

e se **11**

espaços liminares i **21**

evolução **65**

lemonade **79**

esticados **93**

filha **99**

notas sobre o estado da branquitude **115**

tochas da tiki **127**

estudo sobre privilégio do homem branco **143**

alto **151**

contrato social **155**

violento **167**

som e fúria **185**

pequenas grandes mentiras **191**

solidão ética **201**

espaços liminares ii **227**

josé martí **239**

meninos sempre serão meninos **263**

liberdades cúmplices **275**

embranquecendo **315**

espaços liminares iii **325**

Agradecimentos **344**

Créditos **346**

e se

i

O que significa querer
que um antigo chamado
à mudança
não mude

e contudo, também,
sentir-se atormentada
pelo apelo a mudar?

Como é um chamado à mudança denominado vergonha,
denominado penitência, denominado castigo?

Como se diz

e se

sem reprimenda? A raiz

da punição é tornar puro.
A impossibilidade disso — é aquilo
que repele e não

o apelo à mudança?

ii

Há resignação na minha voz quando digo que me sinto
desacelerando, julgando como uma máquina
os níveis de minha reação. Por dentro permaneço
tão dolorida, penso que não há outra forma senão aliviar —

então faço perguntas como conheço bem
na solidão do meu questionamento.
O que ainda é verdade; não há sequer um tremor
quando isso é o que se torna história.

Eu poderia criar um recipiente para carregar este ser,
um recipiente que abarque tudo, embora nós nunca
nos relacionemos com a completude; nós nunca seremos inteiros.

Eu assumo seus pensamentos ponderados também partidos,
também desconhecidos, alongando
uma sentença — aqui, estou aqui.
Como conheci você, como nunca te conhecerei,

eu estou aqui. Seja lá o que
for exprimido, e se,
eu estou aqui à espera, esperando por você

no e se, nas perguntas,
nas condicionais
nos imperativos — e se.

iii

E se durante o chá, e se nas nossas caminhadas, e se
no longo bocejo da neblina, e se no demorado meio
da espera, e se na passagem, no e se
que nos conduz a cada dia às estações do ano, e se
na resiliência renovada, e se na infinitude,
e se numa vida inteira de conversas, e se
na clareza da consciência, e se nada mudar?

iv

E se você for mais responsável por proteger do que por mudar?

E se você for destruição fluindo sob
a linguagem do salvador? Isso também não é muito fodido?

Quer dizer, se outras pessoas brancas não tivessem... ou se isso não pareceu
o suficiente... eu deveria...

E se — o chamado repetitivo do e se — só é considerado repetitivo
quando o e se sai da minha boca, quando o e se é pronunciado
pelo que não é ouvido, e se

e se o concreto da insistência
quando você insiste e se
é isso.

v

O que é isso que nós queremos manter consciente, que fique conhecido, mesmo que nós digamos, cada um à sua maneira, eu amo tanto eu sei eu encolho eu sou questionada eu também eu reajo eu exalo eu sinto eu ouvi falar eu me lembro eu vejo eu não pensei eu senti eu falhei eu suspeito eu estava fazendo eu tenho certeza eu li eu precisei eu não faria eu fui eu deveria eu senti eu poderia eu nunca poderia eu tenho certeza eu pergunto...

Você diz e eu digo mas o que
é que se revela, o que é

que queremos saber aqui?

vi

E se o que eu quero de você for novo, feito recentemente
uma nova sentença em resposta a todas as minhas perguntas,

uma guinada em nossa relação e as palavras que nos carregam,
o cuidado que carrega. Eu estou aqui sem indiferença,
tentando entender como o que quero
e o que eu quero de você corre em paralelo —

justiça e a abertura só para nós.

espaços liminares i

Texto *O que eram os Cartões Shirley e como eles determinavam o que era o equilíbrio correto do tom de pele?*

Notas e fontes Lorna Roth, "Looking at Shirley, the Ultimate Norm: Colour Balance, Image Technologies, and Cognitive Equity" [Olhando para Shirley, a norma definitiva: Equilíbrio de cores, tecnologias de imagem e equidade cognitiva], *Canadian Journal of Communication*: "'Equilíbrio de tons da pele' na impressão de fotografia still se refere historicamente a um processo no qual um cartão de referência da norma, mostrando uma mulher 'caucasiana' com um vestido colorido em alto contraste, é usado como base para medir e calibrar os tons de pele na fotografia a ser impressa. A pele clara dessas mulheres — apelidadas de 'Shirley' pelos homens da indústria em homenagem à primeira modelo da série de cartões-teste — tem sido o padrão ideal de tom de pele reconhecido pela maioria dos norte-americanos, assim como pelos laboratórios fotográficos, desde os primórdios do século XX, e eles continuam a funcionar como a norma dominante".

Ver também: Estelle Caswell, "Color Film Was Built for White People. Here's What It Did to Dark Skin" [Filme colorido foi criado para gente branca. Eis o que ele fez com a pele negra], no site Vox, e Sarah Lewis, "The Racial Bias Built into Photography" [O preconceito racial embutido na fotografia], *New York Times*.

Nos primeiros dias da corrida presidencial de 2016, eu começava a preparar um curso sobre branquitude para lecionar na Universidade Yale, onde tinha começado a trabalhar recentemente. Ao longo dos anos, percebi que era comum não compartilhar o mesmo conhecimento histórico com as pessoas com quem falava. "O que é *redlining*?",* alguém perguntava. "George Washington libertou seus escravos?", outro questionava. O que eram os Cartões Shirley e como eles determinavam o que era o equilíbrio correto do tom de pele?, ainda outra pessoa se indagava. Contudo, ao ouvir a retórica inflamada de Donald Trump durante sua campanha naquela primavera, o curso ganhou outra dimensão. Meus alunos entenderiam a longa história que alimentava um comentário feito por Trump quando ele anunciou sua candidatura? "Quando o México envia o seu povo, não nos mandam os seus melhores", ele disse. "Eles têm nos enviado pessoas que têm muitos problemas, e elas trazem esses problemas para nós. Eles trazem drogas. Eles trazem crime. Eles são estupradores." Quando ouvi essas palavras, quis que meus alunos pesquisassem as leis de imigração nos Estados Unidos. Eles traçariam a relação entre o tratamento de pessoas sem documentos com o tratamento dado a irlandeses, italianos e asiáticos ao longo dos séculos?

Ao me preparar, precisei desvendar e compreender como a branquitude foi criada. Como o Ato de Naturalização de 1790, que restringiu a cidadania para "qualquer estrangeiro, sendo uma pessoa branca livre", se desdobrou ao longo dos anos nos nossos vários atos de imigração? O que era necessário para distinguir a cidadania da "pessoa branca livre"? Qual foi a trajetória da Ku Klux Klan depois de sua formação no fim da Guerra Civil, e qual era sua relação com os Black Codes, aquelas leis aprovadas subsequentemente nos estados do Sul para restringir as liberdades de pessoas negras? O governo dos Estados Unidos bombardeou comunidades negras em Tulsa, Oklahoma,

---

* Prática de recusar empréstimos bancários, hipotecas ou seguros-saúde para pessoas que moram em regiões pobres, especialmente habitadas por maiorias não brancas. [Esta e as demais notas de rodapé são da tradutora.]

Texto *Dada a aparente novidade de tal produção branca e a urgência de compreender o apoio dos brancos a Ronald Reagan, os "estudos críticos de branquitude" ganharam atenção da mídia e um pequeno apoio das universidades.*

Notas e fontes Daniel Wallis/ Reuters, "Audio Reveals Ronald Reagan Calling African Delegates 'Monkeys'" [Áudio revela Ronald Reagan chamando delegados africanos de "macacos"]: "Em uma gravação de áudio de 1971 descoberta recentemente, o então governador da Califórnia Ronald Reagan pode ser ouvido depreciando os representantes africanos nas Nações Unidas, chamando-os de 'macacos' durante uma ligação com o presidente dos Estado Unidos Richard Nixon [...]. 'Ver aqueles macacos daqueles países africanos, uns malditos', pode-se ouvir Reagan dizendo e a risada imediata de Nixon. 'Eles ainda estão desconfortáveis usando sapatos.'". Na eleição presidencial de 1984, 49 dos cinquenta estados votaram em Reagan.

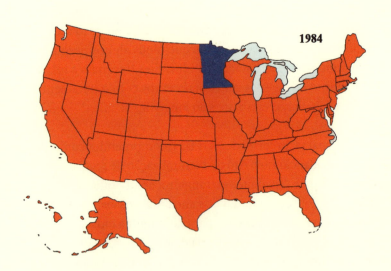

também conhecida como Black Wall Street, em 1921? Como italianos, irlandeses e povos eslavos se tornaram brancos? Por que as pessoas acreditam que abolicionistas não podiam ser racistas?

Eu queria que meus alunos passassem a conhecer um conjunto de obras de sociólogos, teóricos, historiadores e pesquisadores de literatura de uma área conhecida como "estudos da branquitude", com pilares que incluem *Playing in the Dark: Whiteness and the Literary Imagination* [Brincando no escuro: Branquitude e imaginação literária], de Toni Morrison, *The Wages of Whiteness* [Os custos da branquitude], de David Roediger, *Whiteness of a Different Color: European Immigrants and the Alchemy of Race* [A branquitude de uma cor diferente: Imigrantes europeus e alquimia da raça], de Matthew Frye Jacobson, *White* [Branco], de Richard Dyer, e o recente *The History of White People* [A história das pessoas brancas], de Nell Irving Painter. Roediger, um historiador, tinha me explicado o desenvolvimento da área, com o qual as minhas aulas poderiam se relacionar, dizendo: "Os anos 1980 e 1990 viram a publicação das obras mais importantes de Toni Morrison e James Baldwin sobre as complexidades da identidade branca, junto com novas obras de escritores brancos e ativistas fazendo perguntas historicamente similares. Dada a aparente novidade de tal produção branca e a urgência de compreender o apoio dos brancos a Ronald Reagan, os 'estudos críticos de branquitude' ganharam atenção da mídia e um pequeno apoio das universidades". Essa área de estudos tinha o objetivo de dar visibilidade a uma história da branquitude que, através de sua associação com a "normalidade" e com a "universalidade", mascarava seu poder institucional onipresente.

No fim das contas, meu curso se tornou Construções da Branquitude, e ao longo dos dois anos que o lecionei, muitos de meus alunos (integrantes de todas as raças, identidades de gênero e orientações sexuais) entrevistaram pessoas brancas no campus ou em suas famílias a respeito da compreensão da história americana e como isso se relaciona com a branquitude. Alguns estudantes simplesmente queriam saber como aqueles ao seu redor definiriam sua própria

branquitude. Outros tinham dificuldades com o racismo dos membros de suas famílias e queriam entender como e por que certos preconceitos se formaram. Outros ainda queriam mostrar o impacto das expectativas brancas em suas vidas.

Talvez seja por isso que um dia em New Haven, encarando o semicírculo de carvalhos no meu quintal, me perguntei o que significaria indagar a homens brancos aleatórios como eles entendiam seu privilégio. Eu me imaginei — uma mulher negra de meia-idade — caminhando em direção a estranhos e fazendo isso. Eles reagiriam como o capitão de polícia em Plainfield, Indiana, quando sua colega, durante um treinamento de diversidade, disse que ele se beneficiava do "privilégio do homem branco"? Ele ficou com raiva e a acusou de calúnia racial contra ele. (Ela foi colocada em licença remunerada, e uma advertência foi registrada permanentemente em sua ficha.) Eu também seria acusada? Eu me ouviria perguntar sobre o privilégio do homem branco e então assistiria a um homem branco após o outro se afastarem como se eu fosse muda? Eles pensariam que trabalho para Trevor Noah, Stephen Colbert ou Chelsea Handler e só esqueci a equipe de gravação? O comentário corrente no nosso clima político atual é que todos nós precisamos conversar com pessoas com quem não falamos normalmente, e embora meu marido seja branco, eu me percebo jogando conversa fora facilmente com todos os tipos de desconhecidos, exceto homens brancos. Eles raramente tomam a iniciativa de falar de amenidades comigo, e eu não os procuro. Talvez fosse o momento de tentar, mesmo se minhas fantasias desses encontros parecessem estranhas. Eu queria tentar.

Semanas mais tarde, me ocorreu que tendo a estar cercada por homens brancos que não conheço quando viajo, quando me encontro em espaços que são essencialmente não lugares: em conexões, a caminho, em pleno ar. Enquanto vou de um lado para outro dos Estados Unidos, da Europa e da África dando palestras sobre o meu trabalho, me pego observando esses homens brancos que passam horas comigo em saguões de aeroporto, portões de embarque e aviões. Eles me parecem formar o maior percentual de viajantes a trabalho nos espaços liminares onde

Texto *Ele entendia que, hoje, 64% dos representantes eleitos são homens brancos, embora eles sejam apenas 31% da população dos Estados Unidos? Homens brancos têm detido quase todo o poder neste país por quatrocentos anos.*

Checagem dos fatos Talvez. De acordo com a pesquisa do Reflective Democracy, os números atualizados são 62% e 30%. O estudo parece bom.

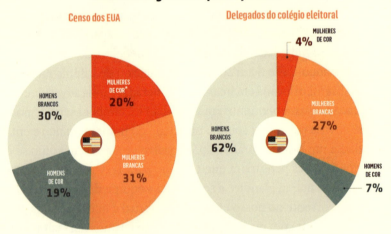

* A expressão "people of color" já foi usada para se referir especificamente a pessoas negras, mas foi ressignificada ao longo do século XX. Diversas autoras negras que participaram do movimento pela liberação das mulheres nos anos 1960 e 1970 nos Estados Unidos, ao observarem lutas comuns e as diferenças entre mulheres negras, indígenas e imigrantes, passaram a usar "women of color" para se referir a mulheres racializadas, pois quem não está incluída na branquitude está sujeita a diferentes formas de preconceito ou racismo. Em geral, quando escritores negros utilizam "pessoas de cor", consideram uma diversidade de pessoas não brancas que, apesar de suas experiências, não vivenciam o racismo antinegro.

nós esperamos. O fato de eu estar entre eles em saguões de aeroporto e cabines de primeira classe indicava, em parte, meu relativo privilégio econômico, mas o preço da minha passagem, é claro, não se traduz em capital social. Eu sempre tive consciência de que o meu valor aos olhos da cultura é determinado primeiro e principalmente pela cor da minha pele. Tinha certeza de que, sendo uma mulher negra, devia haver algo que eu não entendia.

Recentemente, um amigo que não conseguiu um emprego para o qual se candidatou me disse que, como um homem branco, ele estava absorvendo os problemas do mundo. Ele queria dizer que estava sendo punido pelos pecados de seus antepassados. Queria que eu soubesse que ele compreendia isso como um fardo que ele deveria suportar. Quis dizer que precisava dar uma boa olhada na história do local de trabalho, tendo em vista os desequilíbrios criados por gerações de práticas de contratação antes dele. No entanto, o que faria o meu amigo se sentir melhor? Ele entendia que, hoje, 64% dos representantes eleitos são homens brancos, embora eles sejam apenas 31% da população dos Estados Unidos? Homens brancos têm detido quase todo o poder neste país por quatrocentos anos.

Eu sabia que meu amigo tentava comunicar seu esforço de encontrar uma forma de entender a complicada estrutura americana que envolve nós dois. Eu queria perguntar a ele se suas expectativas eram um sinal de seu privilégio, mas decidi, uma vez que ele perdeu a vaga de emprego, que o meu papel como amiga provavelmente exigia outras reações.

Depois de uma série de conversas casuais com meus companheiros de viagem brancos, viria a entender o privilégio branco de forma diferente? Eles não poderiam saber o que é ser como eu, embora quem sou em parte seja uma resposta a quem eles são, e eu realmente não acredito que os compreendi, ainda que eles tenham determinado muito do que é possível na minha vida e na vida dos outros. Contudo, porque vivo apenas como eu, uma pessoa que regularmente

Traci Blackmon está ✈ viajando do **Aeroporto Internacional de Cleveland** para **Charlotte**
4 de maio de 2019

🔊 Seguir

#wheelsup
Na fila do embarque.
Sou a primeira da fila.
Um homem do Oriente Médio é o segundo.
A fila continua a partir daí.
Um pouco antes do embarque, uma mulher branca de meia-idade desfila ao meu lado dizendo "com licença" enquanto passa.

Então ela segue para se posicionar na minha frente na fila. Diante disso, reajo. Você vai voar de primeira classe hoje? Ela sorri e responde "sim".

Ao que respondo: Eu também. Sou curiosa, espero que você não se importe de eu perguntar. O que há em mim que fez você assumir que eu não sou uma passageira da primeira classe e por isso você deveria estar na minha frente.

O rosto dela corou. Então eu continuei.

Pensei que talvez fosse a minha roupa casual. Afinal estou usando um jeans gasto e camiseta. Talvez você ache que uma pessoa vestida assim não deveria estar na primeira classe. Mas aí notei que você está de macacão largo. Então não pode ser isso. Estou tentando descobrir o que pode ser.

"Eu não percebi. Desculpe", enquanto se recompõe e se prepara para se mover.
E então ela consegue parar atrás de mim.

Lanço um olhar questionador para o homem do Oriente Médio. Ele dá de ombros. Então eu falo alto: O senhor também vai voar de primeira classe? Olhando assim, não sei dizer. Mas suponho que, uma vez que o senhor está esperando aqui comigo, acho que sabe ler e em qual lugar deveria estar.

Mais uma vez. Ela pega suas coisas e se mexe. Responde que não sabia.

Passam uns minutos. Ela volta aonde estou para dizer o quanto meus sapatos são bonitos. Imagino que percebeu o erro, e esse é seu jeito de me mostrar que ela realmente vê... os meus sapatos.

Falo para vocês.
Essa merda cansa.

Eu nem sequer gosto dessa coisa toda de primeira classe. Eles me transferiram porque voo com frequência. Não pago por isso. Mas talvez eu comece. Só como um ato de resistência!!!

👍❤😢 ▬▬▬▬▬▬▬▬ e outras 24 pessoas   4 comentários 3 compartilhamentos

👍 Curtir   💬 Comentar   ➤ Compartilhar

precisa negociar com a rejeição consciente e inconsciente, o apagamento, o desrespeito e o abuso, passei a pensar sobre isso silenciosamente. Como sempre, hesitei.

Hesitei quando fiquei na fila para um voo que atravessava o país, e um homem branco passou na minha frente. Ele estava com outro homem branco. "Com licença", eu disse, "estou nesta fila." Ele deu um passo para trás, mas não antes de dizer ao seu companheiro: "Você nunca sabe quem eles estão admitindo na primeira classe atualmente".

Essa declaração era um movimento defensivo para encobrir sua falta de educação e constrangimento, ou eles compartilhavam uma piada interna? Talvez ele também tenha ouvido uma entre as inúmeras anedotas recentes nas redes sociais em que uma mulher negra chama a atenção de uma mulher branca furando a fila na frente dela no portão de embarque. Quando a mulher negra diz que estava na fila, a branca responde que aquela era fila para a primeira classe. O comentário do homem era uma referência discreta? No entanto, ele não estava rindo, nem um pouco, nem um sorriso. Impassível.

Depois, quando discuti esse episódio com minha terapeuta, ela me disse que pensava que a declaração daquele homem era uma reação ao companheiro de voo, não a mim. Eu não importava para ele, ela disse: é por isso que ele podia passar na minha frente desde o princípio. Seu constrangimento, se era constrangimento, tinha tudo a ver com o

ALERTA:
Contém linguagem forte que algumas pessoas podem considerar ofensiva

Filha da mulher negra: "Você não ouse gritar com ela".

Homem branco: "Não me diga o que fazer. Se falei para ela sair, ela sai".

Filha da mulher negra: "Não, ela não vai! Você [para a comissária de bordo] poderia repreendê-lo? Você sabe que é rude ele falar com ela desse jeito. Que porra você pensa que é, seu velho nojento?!".

Homem branco: "Vou te dizer que espero que alguém sente ali porque não quero me sentar perto dessa sua cara feia fodida".

Comissária de bordo: "Com licença, senhora, me desculpe, você gostaria de se sentar em outro lugar?".

Homem branco: Coloque ela num outro assento. É educado sair daqui. Não consigo ficar no meu lugar [inaudível]".

Mulher negra: [para a comissária de bordo] "Tudo bem, tudo bem, sem problema. [Para o homem branco] Você fede, precisa de um banho".

Homem branco: "Vou te falar uma coisa, se você não for para outro assento, vou te empurrar para outro lugar".

Passageiro na fileira de trás: "Parem, parem, parem".

Passageiro na fileira de trás: "Vocês nem precisam falar um com o outro".

Homem branco [*para a mulher*]: "Não fale comigo numa porra de uma língua estrangeira, sua vaca feia e burra".

Passageiro na fileira de trás: "Cara, você não vai parar?".

Homem branco: "Eu vou até onde eu quiser com essa preta feia filha da puta".

modo como ele foi visto pela pessoa com quem se importava: o homem branco que o acompanhava. Eu estava me permitindo ter uma presença além da conta na imaginação dele, ela disse. Isso deveria ser um consolo? Minha invisibilidade completa era preferível a um insulto direcionado?

Durante o voo, cada vez que ele retirava ou colocava algo no compartimento acima de sua cabeça, ele olhava para mim. Todas as vezes, ergui meus olhos do meu livro para encontrar seu olhar e sorri — gosto de pensar que não sou desprovida de senso de humor. Tentei imaginar o que a minha presença fazia com ele. Em algum nível, pensei, devo ter conspurcado sua narrativa de que o privilégio branco garantia espaços seguros para brancos. No meu curso, eu tinha ensinado "Whiteness as Property" [Branquitude como propriedade], um artigo publicado na *The Harvard Law Review* em 1993, em que a autora, Cheryl Harris, argumenta que "o conjunto de presunções, privilégios e benefícios que acompanha o status de ser branco se torna um ativo valioso que os brancos tentam proteger". Essas são as presunções de privilégio e exclusão que têm levado muitos americanos brancos a chamarem a polícia para pessoas negras que estão tentando abrir as portas de suas casas e de seus carros. Os perfis raciais preventivos* se tornam outro método legalizado de segregar espaços. Harris continua, explicando o quanto as pessoas brancas confiam nesses benefícios, tanto que suas expectativas contribuem para a interpretação de nossas leis. Por exemplo, as leis "Stand your ground"** significam que os brancos podem alegar que o medo os fez matar uma pessoa negra desarmada.

A mesma defesa baseada no medo tem permitido que muitos policiais que mataram negros desarmados continuem a trabalhar, aposentando-se, mais tarde, com seus salários. Ou que leis de registro para

---

* *Racial profiling*: estratégia que mistura o uso de estatísticas, reconhecimento facial e outras tecnologias com o intuito de melhorar a segurança pública. Entretanto, esse método ignora o histórico da polícia e do Judiciário, que prendem e emitem sentenças mais severas para pessoas não brancas. Neste caso, o uso da tecnologia apenas reforça práticas racistas. ** Leis que autorizavam que proprietários de terra pudessem atirar em invasores ou supostas ameaças como forma de legítima defesa.

Texto *A expressão "privilégio branco" foi popularizada em 1988 por Peggy McIntosh, uma professora da Wellesley College que queria definir "sistemas invisíveis que conferem dominância ao meu grupo".*

Checagem dos fatos Sim, o termo foi posto em circulação por Peggy McIntosh.

Notas e fontes Theodore W. Allen conduzia uma pesquisa sobre uma variação que ele chamava de "privilégio da pele branca" e "privilégio racial branco" nos anos 1960, 1970 e 1980. Veja o livro *The Invention of White Race* [A invenção da raça branca], de Allen. Para uma discussão minuciosa dos termos usados antes de McIntosh, ver *White Privilege: A History of the Concept* [Privilégio branco: A história do conceito] (dissertação de mestrado, Universidade do Estado da Geórgia, 2012), em <https://scholarworks.gsu.edu/history_theses/54>.

votar em certos estados possam funcionar como leis Jim Crow* na prática. A "lei americana tem identificado a branquitude como um interesse da propriedade", afirma Harris.

No avião, eu queria encenar uma nova narrativa que incluísse a branquitude do homem que entrou na minha frente na fila. Senti que sua branquitude deveria ser um componente do que nós dois entendíamos sobre ele, mesmo que sua branquitude não fosse inteiramente quem ele é. Sua compreensão inconsciente da branquitude significava que o espaço que eu habitava deveria ser apenas dele. O velho roteiro teria deixado sua branquitude sem reconhecimento em minha observação de sua falta de educação. Entretanto, um homem rude e um homem branco rude evocam suposições bem diferentes. Assim como uma pessoa branca confrontada por um ser humano negro real precisa negociar com estereótipos da negritude para que possa alcançar a pessoa que tem diante de si, eu esperava conceder àquele homem a mesma cortesia, mas ao contrário. Enxergar sua branquitude significava que eu entendia a minha presença como um rebaixamento inesperado para ele. Era bem ruim se ele se sentisse daquela maneira. Entretanto, eu imaginava, o que é essa "imobilidade" dentro das hierarquias raciais que rejeita a neutralidade dos céus? Eu esperava encontrar um jeito de ter essa conversa.

A expressão "privilégio branco" foi popularizada em 1988 por Peggy McIntosh, uma professora da Wellesley College que queria definir "sistemas invisíveis que conferem dominância ao meu grupo". McIntosh passou a compreender que ela se beneficiava das presunções hierárquicas e políticas simplesmente porque era branca. Eu teria preferido que, em vez de "privilégio branco", ela tivesse usado o termo "dominância branca", porque "privilégio" sugere uma primazia hierárquica que era desejada por todos. No entanto, a expressão pegou.

---

* Como ficaram conhecidas as leis estaduais que regulamentavam a segregação racial e a restrição de direitos civis de pessoas negras no Sul dos Estados Unidos. Jim Crow era um personagem popular de teatro que reforçava estereótipos racistas.

O título de seu ensaio, "White Privilege and Male Privilege: A Personal Account of Coming to See Correspondences Through Work in Women's Studies" [Privilégio branco e privilégio masculino: Um relato pessoal de passar a ver correspondências através do trabalho com estudos das mulheres], era um palavrão. McIntosh listou 46 formas de encenação do privilégio branco. "Número 19: Eu posso falar em público para um grupo de homens poderosos sem que minha raça seja posta em julgamento"; "Número 20: Posso me sair bem numa situação desafiadora sem que digam que represento bem a minha raça"; "Número 27: Após a maioria das reuniões de organizações das quais participo, posso ir para casa sentindo que de certa forma estou integrada, em vez de isolada, fora do lugar, em menor número, não ouvida, mantida à distância ou temida"; "Número 36: Se meu dia, semana ou ano vai mal, não preciso me perguntar se cada episódio ou situação negativa tem tons raciais". Não sei muito bem o porquê de McIntosh ter parado em 46, a não ser como uma forma de dizer "Você entendeu". Meus alunos eram capazes de acrescentar os próprios exemplos facilmente.

Minhas turmas e eu também estudamos a obra do documentarista branco Whitney Dow. Nos últimos anos, Dow fez parte do Interdisciplinary Center for Innovative Theory and Empirics (Incite) [Centro Interdisciplinar para Teoria Inovadora e Empírica] da Universidade Columbia, que reuniu informações de mais de 850 pessoas que se identificam como brancas ou parcialmente brancas e as comunidades em que elas vivem. Ele gravou mais de cem de suas histórias orais. Essa obra, como a de McIntosh, era outra maneira de pensar a respeito das banalidades do pensamento hierárquico branco. Perguntei a Dow o que ele aprendeu em suas conversas com os homens brancos. "Eles estão lutando para construir uma narrativa justa para eles mesmos cada vez que uma nova informação chega, e têm que reestruturar e remodelar as suas narrativas e falham nesse processo", ele disse. "Eu me incluo nisso", acrescentou depois de um instante. "Nós estamos vendo a desconstrução do arquétipo do homem branco. O ator individual no palco principal sempre teve o apoio de um governo genocida, mas essa não é a narrativa com a qual nós crescemos. É um desafio se adequar."

Trecho de uma conversa entre Manthia Diawara e Édouard Glissant a bordo do *Queen Mary II* **(agosto de 2009)**

Manthia Diawara

Nós estamos viajando a bordo do *Queen Mary II*, de Southampton a caminho de Nova York. Por que um navio, quando seria mais rápido e fácil viajar de avião?

Édouard Glissant

Desde que comecei a ter problemas cardíacos, não posso pegar voos de longa distância. E já que são oito horas e meia de Paris para Fort-de-France, sou obrigado a pegar um barco, e este é certamente o único que faz viagens regulares. É tudo bem ambíguo, porque você pensaria que um navio é um sinal de conforto e tranquilidade, mas na minha opinião é exatamente o oposto. É um símbolo de equiparação com o tempo perdido; o tempo que você não pode deixar escapar ou fugir, os momentos em que ficou enredado nas coisas — você não pode escapulir ou debandar. Para mim, parece que em qualquer tipo de barco você pode estar mais perto de si mesmo, enquanto em um avião você está realmente distanciado de si — você não é você, é outra coisa. Digo isso fazendo graça — e não sou só eu quem faz isso —, não é normal para uma pessoa estar suspensa no ar mesmo que o homem sempre tenha sonhado em ser um pássaro. Portanto, eu pego este barco com frequência quando tenho que ir para Martinica ou Nova York...

MD Um barco conota a partida de um ponto A e uma chegada num ponto B — nesse contexto, é uma partida para os africanos que são capturados pela primeira vez e são forçados a entrar no navio. O que embarcar significa para você?

ÉG É o momento em que alguém consente em não ser um único ser e tenta ser muitas coisas ao mesmo tempo. Em outras palavras, para mim, cada diáspora é a passagem da unidade para a multiplicidade. Eu penso que o que é importante em todos os movimentos do mundo, e nós, os descendentes, que chegaram da outra margem, estaríamos errados em nos apegarmos ferrenhamente a esta singularidade que tinha aceitado se espalhar pelo mundo. Não nos esqueçamos que a África tem sido a fonte de todos os tipos de diásporas — não apenas a diáspora forçada, imposta pelo Ocidente através do tráfico escravagista, mas também milhões de todos os tipos de diásporas antes — que povoaram o mundo. Uma das vocações africanas é a de ser um tipo de unidade fundadora que se desenvolve e se transforma em diversidade. E me parece que, se não pensarmos adequadamente sobre isso, não seremos capazes de compreender o que podemos fazer, como participantes dessa diáspora africana, para ajudar o mundo a entender a si mesmo, em outras palavras, a sua multiplicidade, e a se respeitar como tal.

As entrevistas, coletadas no relatório inicial do Incite, "Facing Whiteness" [Encarando a branquitude], que está disponível no site da Columbia, variam muito em termos de conhecimento da história dos Estados Unidos e experiências. Uma das entrevistadas declara: "O primeiro dono de escravos nos Estados Unidos era um homem negro. Quantas pessoas sabem disso? Os escravos que foram trazidos para a América foram vendidos para os brancos pelos negros. Então eu não sinto que nós devemos a eles quaisquer privilégios especiais a não ser o que todo mundo tem, qualquer outra raça". Enquanto essa entrevistada nega qualquer privilégio, outro passou a ver como a sua branquitude possibilita sua mobilidade nos Estados Unidos: "Eu tenho que aceitar que porque sou um homem — esteja eu consciente disso ou não em algum momento específico — provavelmente tive algum tipo de aprovação em alguma situação". Ele acrescentou: "Quanto mais tempo eu passo nas forças da lei, mais percebo que ser descendente de anglo-saxões, ser homem e estar numa região dos Estados Unidos que, de certa forma, é rural e, por ser rural, por definição é em sua maioria branca, significa que eu definitivamente tenho a preferência". Esse entrevistado, que reconhece seu privilégio, e que, de acordo com Whitney Dow, tem sido bastante isolado em seu local de trabalho "por seu progressismo", ainda indica — pelo uso de palavras como "provavelmente" e expressões como "e, por ser rural, por definição é em sua maioria branca" — que ele acredita que o privilégio branco só entra em jogo em determinadas circunstâncias. A compreensão total incluiria o entendimento de que o privilégio branco vem com a expectativa de proteção e preferências não importa a região do país onde ele viva, que emprego tenha ou quanto dinheiro ele ganhe.

Quanta raiva eu poderia sentir do homem branco no avião, aquele que me encarava, como se olha para uma pedra na qual tropeçou, a cada vez que se levantava? Entendi que o comportamento do homem também era a sua socialização. A minha socialização tinha, de muitas formas, me preparado para ele. Eu não fui soterrada pelo nosso encontro porque minha negritude "consente em não ser um único ser". Essa expressão, que tem origens na obra do escritor caribenho

Édouard Glissant, mas me foi reapresentada numa obra recente do poeta e crítico teórico Fred Moten, aponta em direção ao fato de que não posso recusar os estereótipos da negritude criados pelo homem branco, ainda que ele interaja com esses estereótipos. O que eu queria saber era o que o homem viu ou não viu quando deu um passo na minha frente na fila do portão de embarque.

É difícil existir e também aceitar minha falta de existência. Frank Wilderson III, chefe do departamento de estudos afro-americanos na Universidade da Califórnia, em Irvine, pega emprestado o termo "morte social" para explicar meu status de ali-mas-não-ali numa sociedade historicamente antinegros. A indignação — e se formos generosos, o constrangimento que provocou o comentário do passageiro branco — foi uma reação ao despercebido ocupando espaço; espaço em si entendido como um privilégio da branquitude.

Antes que as companhias aéreas decidissem que os viajantes frequentes não precisavam ficar na fila, eu esperava em outra fila para pegar outro avião noutra cidade enquanto outro grupo de homens brancos se aproximava. Quando eles perceberam que teriam que ficar atrás de uma dúzia de pessoas enfileiradas, simplesmente formaram sua própria fila perto de nós. Eu disse para o homem em pé na minha frente: "Olha, aquilo é o peso do privilégio do homem branco". Ele riu e continuou sorrindo durante todo o caminho até o seu assento, e me desejou um bom voo. Nós compartilhamos algo. Não sei se era a mesma coisa para cada um de nós — o mesmo reconhecimento de um privilégio racializado —, mas eu poderia aceitar aquela forma educada de ininteligibilidade.

Achei os homens de terno que se recusaram a ficar na fila animados e surpreendentes (e também detestáveis). Observá-los era como assistir a uma peça espontânea sobre o privilégio branco num único ato. Eu apreciava o drama. Um ou dois deles davam risadinhas diante da própria audácia. A funcionária no embarque fez um tipo de check-in curioso ao mesclar a fila recém-formada com a verdadeira fila.

As pessoas na minha fila, quase todas brancas e homens, se alternavam entre intrigadas e complacentes.

Depois de assistir a essa cena se desenrolar, eu a arquivei para usá-la como um exemplo na minha aula. Como meus alunos leriam esse momento? Alguns sem dúvida ficariam enfurecidos com a funcionária branca no portão de embarque que permitiu que isso acontecesse. Eu perguntaria por que é mais fácil ficar com raiva dela do que de um grupo de homens. Porque ela não reconhece nem utiliza seu poder institucional, alguém diria. Baseado nas aulas anteriores, eu poderia assumir que os alunos brancos seriam rápidos em se distanciar dos homens no portão; a solidariedade branca não tem espaço numa aula planejada para tornar visíveis as posições padrão da branquitude.

Como professora, senti que essa era uma narrativa que poderia me ajudar a medir o nível de reconhecimento do privilégio branco na turma, porque outras pessoas brancas também se incomodaram com as atitudes desse grupo de homens. Os estudantes não seriam distraídos pelo abuso social de minorias porque todos pareciam incomodados. Contudo, alguns alunos iam querer ver esse momento como marcado pelo gênero, não pela raça. Eu perguntaria se eles eram capazes de imaginar um grupo de homens negros cometendo a mesma ação sem os homens brancos da minha fila reagirem ou sem a funcionária da companhia aérea questioná-los, mesmo que eles estivessem de acordo com seus direitos.

Conforme fui ficando cada vez mais frustrada comigo mesma por evitar fazer minha pergunta, me questionava se a segregação presumida na vida branca de alguém deveria ter sido o Número 47 na lista de McIntosh. Apenas faça, falei sozinha. Só pergunte a um homem branco qualquer como ele se sente em relação a seu privilégio.

No meu voo seguinte, cheguei mais perto. Eu era uma mulher negra na companhia de uma maioria de homens brancos, em assentos que permitiam proximidade e espaços separados. A comissária de bordo

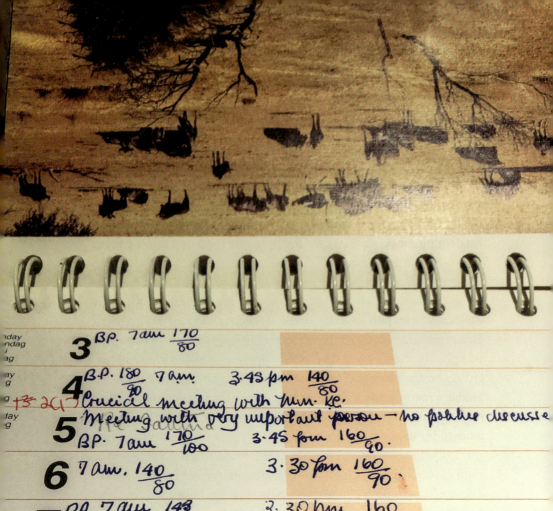

3 B.P. 7am 170/80

4 B.P. 180/90 7am   3.45 pm 140/80
   Crucial meeting with hun. K.C.

5 Meeting with very important person — no positive discussion
   B.P. 7am 170/100   3.45 pm 160/90.

6 7 am. 140/80   3.30 pm 160/90.

7 B.P. 7am 148/80   3.30 pm 160/90

8 Consultation with Ismail Ayob for ± 2 hr
   B.P. 170/90 7.am.   3.45 pm 140/70

9 Given R11.40 to Major Marais.

Week 27

Monday
Tuesday
Wednesda
Thursday
Friday

trouxe bebidas para todos ao meu redor, mas esqueceu meu suco de laranja mais de uma vez. Convencendo a mim mesma de que suco de laranja é açúcar e ela pode estar fazendo um favor para meu corpo recuperado após um câncer, apenas balanço a cabeça quando ela se desculpa pela segunda vez. Na terceira vez em que ela passa sem o suco, o homem branco sentado perto de mim diz a ela: "Isso é inacreditável. Você me trouxe duas bebidas de uma vez e esqueceu de trazer uma para ela".

Ela voltou imediatamente com o suco.

Agradeci a ele. Ele disse: "Ela não é adequada para este trabalho". Não respondi: "Ela não se esqueceu das suas bebidas. Não esqueceu de você. Você está sentado perto de ninguém neste não lugar". Em vez disso, eu disse: "Ela apenas gosta mais de você". Talvez ele tenha pensado que eu falava dele especificamente e corou. Entendeu que eu fiz uma piada sobre o privilégio do homem branco? Não pareceu. A vermelhidão subiu pelo seu pescoço até suas bochechas, e ele aparentava timidez e prazer ao mesmo tempo. Ele colocou as duas mãos no rosto, como se para conter o calor desse prazer constrangedor.

"Indo ou vindo?", ele perguntou, mudando de assunto.

"Estou voltando de Johanesburgo."

"Sério?", ele respondeu. "Acabei de ir à Cidade do Cabo."

Por isso a sua defesa, pensei sem generosidade.

Por que esse pensamento me veio à cabeça? Eu mesma sou excessivamente definida pela minha raça. Isso é evitável? É um problema? Eu criei o problema ou me foi dado um problema? Penso na pressão arterial de Nelson Mandela subindo a 17 por 10 no dia em que ele supostamente conheceu Frederik Willem de Klerk. Fato ou boato? Quem sabe.

Enquanto olhava para homem no assento 2B, eu me perguntava se meu posicionamento histórico estava transformando sua humanidade em evidência da dominância do homem branco. Os homens brancos são excessivamente definidos pela cor de sua pele aos meus olhos? Eles são obrigados a absorver os problemas do mundo, como meu amigo supôs?

Durante o longo voo, não mencionei o privilégio do homem branco, não fiz piadas novamente, pelo contrário. Em vez disso, vagamos pelas nossas memórias recentes da África do Sul e conversamos sobre o resort onde ele se hospedou e o safári que fiz. Não falei de Soweto ou do Museu do Apartheid que visitei em Johanesburgo ou do memorial do linchamento em Montgomery, Alabama, do qual o Museu do Apartheid me fez lembrar. Dessa vez, queria que meu companheiro de viagem começasse uma conversa sobre o seu privilégio. Ao menos uma vez. Queria que ele refletisse sobre sua branquitude, especialmente porque estava deixando a África do Sul, um país que tinha sofrido, como disse James Baldwin "da mesma ilusão que os americanos sofrem — de que também eram país branco". Mas eu imaginava que ele sentia que o quanto menos falasse sobre as relações raciais nos Estados Unidos e na África do Sul, mais a nossa interlocução seria possível. Essa era a minha fantasia, em todo caso.

De volta ao lar, quando mencionei esses encontros com meu marido branco, ele se divertiu. "Eles estão na defensiva", disse. "Fragilidade branca", acrescentou, dando risada. Esse homem branco que passou os últimos 25 anos neste mundo ao meu lado acredita entender e reconhecer o próprio privilégio. Certamente ele sabe a terminologia correta a ser usada, mesmo quando esses termos pré-acordados evitam que tropecemos em momentos de verdadeiro reconhecimento. Essas expressões — fragilidade branca, defensiva branca, apropriação branca — costumam servir de substitutas para a complicada bagunça de uma verdadeira conversa. Naquele momento, ao invés disso, ele queria discutir nosso atual presidente. "Aquilo", ele disse, "é caso óbvio de indignação e raiva de um privilégio óbvio.

Poder real. Consequências reais." É claro, ele não estava errado, mas ele se juntou a todos os homens brancos "conscientes" que situam seus privilégios fora de si próprios — como se dissesse a si mesmo: eu sei que não devo ser ignorante ou defensivo em relação ao meu status no mundo. Não importa que essa capacidade de se deslocar do padrão da dominância do homem branco seja o privilégio. Talvez, isso lhes dê algum conforto. Um conforto branco. Não é possível ultrapassar o reino, o poder e a glória.

Finalmente eu estava pronta para perguntar a um estranho diretamente sobre o privilégio branco enquanto estava sentada ao lado de um, perto do portão. Ele tinha começado a nossa conversa, porque estava frustrado com mais um atraso. Compartilhamos juntos a nossa frustração. Acabou perguntando o que eu fazia, e contei que escrevo e leciono. "Onde você dá aula?", ele perguntou. "Yale", respondi. Ele me contou que seu filho queria ir para lá, mas não foi aceito no processo antecipado de inscrições. "É difícil quando você não pode apelar para a diversidade", acrescentou.

Ele estava pensando em voz alta? As palavras apenas escaparam de sua boca antes que ele pudesse contê-las? Era essa a inocência do privilégio branco? Ele estava me provocando? Estava ostentando seu privilégio branco na minha cara? Eu deveria lhe perguntar por que ele tinha a expectativa de que seu filho fosse aceito com antecedência, sem atraso, sem pausa, sem espera? Eu deveria ter lhe perguntado como ele sabia que uma pessoa de cor "pegou" a vaga do filho dele e não outro filho branco de um desses muitos homens brancos sentados ao nosso redor?

Talvez eu estivesse prendendo a respiração. Decidi apenas respirar.

"Os asiáticos estão invadindo a Ivy League", ele acrescentou depois de um instante. Talvez a explicação tivesse a intenção de deixar claro que ele não falava agora de suas fantasias sobre as pessoas negras e suas formas de ação afirmativa. Lembrara-se de algo. Tinha se lembrado de quem estava sentada ao seu lado.

Texto *O historiador Matthew Frye Jacobson, em* Whiteness of a Different Color, *analisa que o século XX reconsolidou os "celtas, eslavos, hebreus e mediterrâneos" do século XIX.*

Notas e fontes Jacobson rastreia a história e as políticas de imigração da segunda metade do século XIX, quando os europeus "brancos" eram catalogados de acordo com diferentes tipos racializados, até a primeira metade do século XX, quando houve um drástico declínio gramático na percepção dessas mesmas distinções raciais. Frye escreve: "A restrição da imigração, junto com as migrações negras internas, alterou a alquimia racial da nação e redesenhou a configuração racial dominante ao lado da rígida linha binária entre branco e preto, criando caucasianos onde antes havia muitos celtas, hebreus, teutões, mediterrâneos e eslavos".

Texto *Perguntei se ele costuma ser parado quando passa pela TSA (Transportation Security Administration). "Não é comum", ele disse.*

Notas e fontes Ver o artigo de 17 de abril de 2019, no site ProPublica, "TSA Agents Say They're Not Discriminating against Black Women, but Their Body Scanners Might Be" [Agentes do TSA afirmam que não estão discriminando mulheres negras, mas que talvez seus scanners corporais estejam]: "Mulheres negras têm feito alertas há anos sobre serem submetidas a revistas invasivas e degradantes em seus cabelos em postos de segurança nos aeroportos. Depois de uma queixa registrada há cinco anos, a TSA se compromete a melhorar a supervisão e o treinamento de seus funcionários em relação a revistas nos cabelos. Contudo, foi descoberto um problema além dos funcionários: os scanners utilizados".

Então eu fiz. Eu perguntei. "Tenho pensado no privilégio do homem branco, e me pergunto se você pensa sobre o seu ou sobre o do seu filho?!". Quase pareceu ser um non sequitur, mas ele acompanhou.

"Eu não", respondeu. "Trabalhei duro por tudo o que tenho."

Qual era aquela justiça da qual Brett Kavanaugh falou em sua audiência de confirmação na Suprema Corte. "Eu entrei na Faculdade de Direito de Yale. É a escola de direito número um do país. Eu não tinha contatos lá. Cheguei até lá ralando muito." Ele aparentemente acreditou nisso, apesar do fato do avô dele ter estudado em Yale. Eu não poderia supor, ao olhar para aquele homem sentado ao meu lado, mas me perguntava se ele era mais um branco étnico do que um branco anglo-saxão protestante. O historiador Matthew Frye Jacobson, em *Whiteness of a Different Color* [A branquitude de uma cor diferente], analisa que o século XX reconsolidou os "celtas, eslavos, hebreus e mediterrâneos" do século XIX. Na década de 1940, de acordo com David Roediger, "considerando padrões de casamento entre etnicidades e os imperativos da Guerra fria", os brancos pararam de se dividir hierarquicamente dentro da branquitude e começam a se identificar hierarquicamente como caucasianos construídos socialmente.

Eu disse ao homem: "E se eu disser que não estou me referindo a gerações de prosperidade econômica e conexões?". Perguntei se ele costuma ser parado quando passa pela TSA [Transportation Security Administration]. "Não é comum", ele disse. "Eu tenho Entrada Global."

"Eu também", disse, "mas ainda assim sou parada." A "aleatoriedade" do perfil racial é um fenômeno sobre o qual eu poderia falar para sempre, mas me contive naquele dia.

"Você consegue se mover, entrar e sair de espaços públicos sem ser questionado por que você está lá?", perguntei. "As pessoas se voltam para você rapidamente perguntando como podem te ajudar?"

Texto *A palavra "casa" o fez voltar ao seu filho. Ele disse que o melhor amigo de seu filho era asiático e foi aceito em Yale com antecedência e decisão rápida e nas primeiras admissões.*

Notas e fontes Ver Anemona Hartocollis e Stephanie Saul, "Affirmative Action Battle Has a New Focus: Asian-Americans" [A batalha das ações afirmativas tem um novo foco: Asiáticos-americanos], *The New York Times*: "Um estudo de Princeton descobriu que um estudante que se identifica como asiático precisa de um resultado 140 pontos mais alto no SAT do que os brancos para ter as mesmas chances de admissão em faculdades particulares, uma diferença que tem sido chamada de 'a taxa asiática'".

A evidência da vantagem branca nos processos de admissão em instituições de elite é a preferência por estudantes com legado familiar, atletas recrutados e filhos de docentes. O artigo de Daniel Golden para o ProPublica, "How the Fight against Affirmative Action at Harvard Could Threaten Rich Whites" [Como a luta contra as ações afirmativas em Harvard pode ameaçar brancos ricos], analisa como essas categorias especiais dão a determinados inscritos brancos um empurrãozinho para Harvard. Golden reporta que filhos de ex-alunos de Harvard representam 21,5% dos candidatos brancos admitidos, em comparação com apenas 7% de hispânicos, 6,6% de asiáticos-americanos e 4,8% de afro-americanos. No texto, Golden cita o economista de Duke, Peter Arcidiacono: "No geral, ao longo de seis anos, Harvard aceitou 33,6% de inscritos com legado, contra 5,9% de não legados".

Golden também relatou que "atletas recrutados recebem a maior margem de todos, com 86% de taxa de aceitação. Eles representam 16,3% dos alunos brancos que são aceitos em Harvard, contra 8,9% de negros, 4,2% de hispânicos e 4,1% de asiáticos-americanos.

Golden destaca também que Harvard aceitou 46,7% dos filhos de docentes e funcionários.

Eu sabia a resposta da minha pergunta, mas fiz assim mesmo, porque queria mostrar a dinâmica da qual ele se beneficia.

Ele disse que entendia o meu ponto. Eu queria dizer: "Não é o meu ponto, é a sua realidade", mas a natureza declarativa da sentença fazia minha língua parecer afiada. Queria continuar conversando com esse homem, e eu sabia que minha raça e meu gênero significavam que ele era cauteloso comigo e com as minhas perguntas — perguntas que poderiam levar à palavra "racista" ou "machista". Se ao menos a cor da pele não tivesse tanto poder preditivo.

Eu não queria que o nosso posicionamento histórico diferente descarrilhasse nossa conversa já tensa. Queria aprender algo que me surpreendesse em relação a esse estranho, algo que eu não soubesse de antemão. Então a ficha caiu. Não havia tempo suficiente para desenvolver confiança, mas todo mundo gosta de um ouvinte. "Indo ou vindo?", é a pergunta natural para o viajante neutro, não invasiva. Então agora eu perguntei a ele. Estava indo para casa.

A palavra "casa" o fez voltar ao seu filho. Ele disse que o melhor amigo de seu filho era asiático e foi aceito em Yale com antecedência e decisão rápida e nas primeiras admissões. Nenhum de nós conhecia a terminologia. Eu imaginei como ele consolou o filho. Usou a "história da diversidade" assim como fez comigo? Eu não queria mais discutir políticas de admissão nas universidades. Queria que a conversa seguisse outro rumo, mas de alguma forma me tornei representante de Yale, não uma estranha sentada ao lado de outro estranho.

Eu me lembrei de que estava ali só para ouvir. O homem era profundamente sincero e obviamente se sentiu inseguro em relação ao futuro do filho. No entanto, não poderia ser tão sombrio se Yale ainda era uma opção. Não pense, lembrei a mim mesma. Saiba o que é ter filhos. Saiba o que é amar. Saiba o que é ser branco. Saiba o que é esperar que as pessoas brancas tenham, ou não, a sorte ou o poder econômico e permitam que você os tenha. Saiba o que é se ressentir.

Isso é injusto? Não há lugar para o ressentimento aqui. Saiba o que é ser branco. Isso é falta de generosidade? Eu não sei. Não pense.

Não perguntei a esse homem branco porque ele pensava que seu filho era mais merecedor de uma vaga em Yale do que o amigo asiático. Não queria que ele sentisse que precisava defender o valor ou a inteligência do filho para mim. Queria que o filho dele prosperasse. De verdade. Se o filho dele chegasse na minha aula, eu o ajudaria a dar o seu melhor. Quanto mais o filho dele conquistasse em Yale, mais eu me alegraria por nós. Se o filho dele dissesse na minha aula que entrou em Yale por causa de muitos de seus professores brancos do jardim de infância que exageraram a respeito de sua inteligência, eu o interromperia, como já fiz no passado, e diria: "Não, você entrou em Yale e você tem a capacidade de entender que muitos fatores contribuíram para sua admissão".

Processos de admissão em universidades não podem ser debatidos em termos definitivos; eles são cheios de áreas cinzentas, e essas áreas cinzentas geralmente se inclinam em direção ao branco, ainda que muitos brancos tenham suas entradas recusadas. Nós sabemos disso. De repente, eu estava relutante em ter uma conversa sobre espaços percebidos como brancos e senso de merecimento, ou, Deus me perdoe, ação afirmativa, o que poderia, é claro, encher o espaço entre nós de pessoas negras e marrons, eu inclusive. Em vez disso, falei: "Onde quer que o seu filho vá, vai se dar bem, e em cinco anos nada disso vai fazer muita diferença". E foi nesse momento que reconheci a minha exaustão. E então veio a percepção de que, na verdade, nós estávamos no meio de uma discussão sobre a sensação da perda do privilégio do homem branco. Eu estava envolvida na sua perda? Ele achava isso?

Não muito tempo depois, em outro voo, sentei perto de um homem branco que me dava a sensação de que já éramos amigos. Nossa conversa era fácil como um bate-bola num fim de tarde de outono. Ou como sair de casa no final da primavera e, de repente, perceber que

Texto *Essa é a afirmação usada por pessoas brancas bem-intencionadas com privilégios e um desejo cego de se catapultarem para um tempo em que as criancinhas negras serão julgadas "não pela cor de suas peles, mas por seu caráter".*

Checagem dos fatos Exemplos de retórica que não vê cor abaixo.

Notas e fontes Uma das primeiras referências à cegueira de cor pelo juiz da Suprema Corte, John Harlan, em *Plessy v. Ferguson*: "A raça branca se crê como a raça dominante neste país. E assim é, em prestígio, em realizações, na educação, na riqueza e no poder. Então, não duvido que continuará assim por todo o sempre, se permanecer fiel à sua grande herança e se agarrar aos princípios da liberdade constitucional. Mas aos olhos da Constituição, aos olhos da lei, neste país não há superior, dominante, uma classe de cidadãos que governe. Não há castas aqui. Nossa Constituição não vê cor, não conhece nem tolera distinções entre cidadãos. No que diz respeito aos direitos civis, todos os cidadãos são iguais perante a lei".

Alusões de Lee Atwater, antigo presidente do Partido Republicano e gerente da campanha de George W. Bush de 1988, para "ideologia de cegueira racial", numa entrevista gravada em 1981 (citada em *Colorblind Racial Profiling: A History, 1974 to the Present* [Cegueira de cor nos perfis raciais: Uma história de 1974 até hoje], de Guy Padula): "Eis como eu lidaria com esse problema... como um psicólogo, o que eu não sou, é tratar a questão da raça de forma abstrata. Você começa, eu não quero que você cite isso, você começa em 1954, dizendo 'Crioulo, crioulo, crioulo'. Em 1968, você não pode falar 'crioulo' — isso te queima, sai pela culatra. Então você começa a falar coisas como, hum, 'transporte escolar obrigatório',* direito dos estados, e todas essas coisas, e você vai se tornando abstrato. Agora, vocês estão falando de cortar impostos, e todas essas coisas que vocês estão falando são totalmente econômicas, e um efeito colateral delas é que pretos são mais atingidos que os brancos... 'Nós queremos cortar isso' é bem mais abstrato do que o lance dos ônibus, hum, e muito mais abstrato do que 'crioulo, crioulo'".

---

* *Forced Busing* foi uma consequência do fim da segregação nas escolas dos Estados Unidos. Embora a integração racial fosse determinada por lei, as escolas públicas continuavam com alunos majoritariamente brancos ou majoritariamente negros porque as matrículas eram feitas com base nos distritos. O transporte escolar obrigatório fazia com que crianças frequentassem escolas longe de suas casas para respeitar a determinação de se misturar estudantes brancos e negros.

a temperatura do lado de dentro e de fora parece a mesma para a sua pele. A resistência cai; seus ombros relaxam. Eu estava, metaforicamente, alegre num espaço aberto com esse homem, que era franco e curioso e tinha senso de humor. Ele falava da esposa e do filho com notável afeição. E embora estivesse comigo num avião, eles também estavam ali conosco. Seu pai era um acadêmico; a mãe, uma grande mulher.

Ele perguntou quais eram meus músicos favoritos, e eu disse que eram os Commodores por causa da canção "Nightshift", que basicamente é uma elegia. Ele amava Bruce Springsteen, mas "Nightshift" também era uma de suas músicas preferidas. Cantamos juntos: *"I still can hear him say/ 'Aw, talk to me so you can see/ What's going on'".* Quando ele me perguntou se conhecia uma certa canção de Springsteen, admiti que não. Só consegui pensar em "American skin (41 shots)": *"No secret my friend/ You can get killed just for living in your American skin".*** Eu conhecia essa letra, mas não comecei a cantá-la. Fiz uma nota mental de pesquisar a canção de Springsteen que ele amava.

Por fim, ele comentou comigo que estava trabalhando com diversidade dentro da sua empresa. "Nós ainda temos muito o que melhorar", ele disse. Então se repetiu — "Nós ainda temos muito que melhorar" —, acrescentando: "Não vejo cor". Essa é a afirmação usada por pessoas brancas bem-intencionadas com privilégios e um desejo cego de se catapultarem para um tempo em que as criancinhas negras serão julgadas "não pela cor de suas peles, mas por seu caráter". A expressão "não vejo cor" puxou um freio de emergência no meu cérebro. Como você estimularia a diversidade se não vê cor? Eu me perguntei.

---

* "Ainda consigo ouvi-lo dizer/ Oh, fale comigo, assim você consegue ver/ o que está acontecendo." A canção faz referência a "What's Going On?" de Marvin Gaye.
** "Não tem segredo, meu amigo/ você pode morrer somente por viver numa pele americana."

Vamos encarar os fatos. Eu sou uma mulher marcada, mas nem todo mundo sabe o meu nome.

Hortence J. Spillers

Quando começo a pensar que tenho sido muito subestimado na minha carreira, me lembro de que sempre fui o cara branco gigante toda vez que entrava na sala.

Nunca fizeram eu me sentir como se eu não pertencesse a um lugar (mesmo quando eu realmente não pertencia aos lugares).

Alexis Ohanian

Você contará para a sua esposa que teve uma boa conversa com uma mulher ou com uma mulher negra? Socorro.

Tudo o que pude pensar foi: "E eu num sou uma mulher preta?". Fiz a pergunta lentamente, como se estivesse testando a qualidade do ar. Ele pegou a referência a Sojourner Truth? Ou achou que a construção agramatical era um sinal de negritude? Ou pensou que eu estava debochando do entendimento que as pessoas brancas têm da inteligência negra? "Você não é um homem branco?", perguntei então. "Você não consegue ver isso? Porque se você não é capaz de ver diferenças raciais, não consegue ver o racismo." Repeti essa frase que li pouco tempo antes em *Não basta não ser racista*, de Robin DiAngelo.

"Entendo", ele disse. Seu tom era solene. "Que outras idiotices eu disse?"

"Só essa", respondi.

Eu me recusei a deixar que a realidade em que ele insistia estar fosse a minha realidade. E estava satisfeita por não ter lubrificado o momento, satisfeita por poder dizer não aos mecanismos silenciadores dos bons modos, satisfeita por ele não precisar abrir um veio de reclamações. Eu estava satisfeita por ele não fazer bullying passivo. Estava satisfeita que ele pudesse suportar a perturbação da minha realidade. E foi bem assim que nós começamos a nossa conversa — aleatória, comum, exaustiva e cheia de um desejo compartilhado de habitar espaços menos segregados.

Pouco tempo depois dessa conversa, o homem do voo entrou em contato comigo. Ele e a esposa tinham lido um dos meus livros e planejamos nos encontrar. Entretanto, nossas agendas nunca se conciliavam e o tempo passou. Então escrevi o ensaio sobre falar com homens brancos a respeito de seus privilégios e enviei para ele. Eu não queria publicá-lo sem que ele soubesse que eu tinha relatado a

nossa conversa. Então perguntei se ele responderia ao que eu tinha escrito. Ele escreveu:

Quando você me desafiou em meu comentário "Eu não vejo cor", eu entendi seu ponto, apreciei sua franqueza, pensei a respeito, e percebi que você estava certa. Vi sua resposta como um ato de coragem e generosidade.

Tenho pensado muito sobre a nossa conversa desde aquele voo. Na verdade, pouco tempo depois, percebi que eu tinha deturpado algo que disse para você sobre a minha cidade natal. Não sei por quê. Com certeza não fiz isso intencionalmente, e eu acreditava que estava sendo honesto no momento. Mas depois da nossa conversa, ficou evidente. Eu disse a você que não percebia muita tensão entre crianças negras e crianças brancas na nossa cidade (cresci e passei pelo sistema de escolas públicas de um subúrbio de classe média no nordeste nos anos 1980 e início dos 1990). Imagino que não percebi tanto porque queria esquecer, porque, pensando em retrospecto, a tensão estava em todo lugar. Eu me formei no ensino médio há mais de 25 anos, e exceto nas férias de verão da faculdade e uns pouco meses depois da formatura, não morei mais lá. Talvez ela fosse tão constante em nossas vidas que eu não queria pensar nisso — a não ser por incidentes claramente feios, como a vez que um garoto branco se sentou na minha frente na aula de álgebra para calouros, virou-se e me perguntou se eu planejava assistir ao jogo de basquete universitário para ver "os [injúria racial] jogarem". Eu só me lembro de umas poucas brigas entre as crianças negras e as crianças brancas, mas a crueldade, da maioria dos brancos, direcionada aos negros estava sempre a um comentário de distância. Minha casa e minha família (até minha família estendida, que eram a primeira e a segunda geração vindas do Mediterrâneo e do Leste Europeu) eram a antítese desse tipo de comportamento. Mas olhando para trás, estava sempre à nossa volta. É interessante que algo na nossa conversa me fez perceber isso.

Conforme eu li e reli essa resposta, percebi que tinha aceitado o que ele disse de sua infância e de sua cidade natal não como algo que era a verdade, mas como a verdade sobre a branquitude dele. Eu tinha

Ruby Sales.

Jonathan Daniels.

aceitado isso como a verdade, como diria a ativista de justiça social Ruby Sales, sobre a "cultura da branquitude". A falta de uma vida integrada fez com que nenhuma parte de sua vida reconhecesse o tratamento dado a pessoas negras como uma perturbação importante. Não se lembrar talvez seja não se sentir tocado pelos acontecimentos que não interferem na forma como ele vive. Esta é a realidade que define o privilégio branco, não importa quanto dinheiro se tenha ou não. De Appalachia à Quinta Avenida, minha precariedade não é uma realidade compartilhada. Embora tenha deturpado o fato sobre o qual falamos, ele não falseou o papel que esses fatos desempenharam na sua vida. Não duvido de que ele acreditasse no que me disse naquele momento. E nos dias seguintes à nossa conversa, não duvido que a realidade reprimida tenha começado a pressionar a ficção dos fatos, o que também é uma forma de verdade. Ele me dar abertura era dar abertura ao incômodo de relações raciais numa vida de branquitude segregada. Se pessoas brancas vivem esquecendo de se lembrar que vidas negras importam, como elas claramente podem fazer, considerando a sua aceitação de tudo, de comentários racistas de seus amigos até a falta de condenação da maioria de agentes policiais que mataram negros desarmados, então elas sempre se surpreenderão quando aquelas memórias vierem à tona.

evolução

Texto *A consciência tem que acontecer em salas onde todo mundo é branco, uma vez que essas salas já estão por aí.*

Checagem dos fatos Sim, veja referências sobre segregação abaixo.

Notas e fontes Sobre "salas onde todo mundo é branco", ver o texto de Chris Ingraham para o *Washington Post*, "Three Quarters of Whites Don't Have Any Non-White Friends" [Três quartos dos brancos não têm nenhum amigo não branco], sobre uma pesquisa que descobriu que 75% das pessoas brancas têm "redes sociais inteiramente brancas sem a presença de qualquer minoria". De acordo com um relatório do Pew Report Center de 2017, a taxa de brancos recém-casados que se casaram com outras pessoas brancas é de 89%. Há países inteiros com quase 100% da população branca. Um outro estudo recente do Pew Report descobriu que "a maioria dos adultos negros e asiáticos (63% e 66%, respectivamente) diz que raça ou relações raciais surgem em suas conversas com a família e amigos pelo menos de vez em quando, em comparação a 50% dos brancos e 49% dos hispânicos adultos". Para um panorama com informações recentes sobre a segregação espacial nos Estados Unidos, veja a reportagem do *Washington Post*, "America Is More Diverse than Ever — but Still Segregated [A América é mais diversa do que nunca — mais ainda é segregada]".

De uma perspectiva histórica, os efeitos a longo prazo das políticas segregacionistas e de leis racialmente explícitas nos âmbitos federal, estadual e local ainda são vistos e sentidos nos dias de hoje. Em *The Color of Law*, Richard Rothstein discorre sobre moradia e afirma que a segregação residencial hoje "não é consequência involuntária de escolhas individuais [...] mas de políticas públicas óbvias que segregavam explicitamente cada área metropolitana nos Estados Unidos". Rothstein sustenta que, mesmo sem essa imposição governamental da segregação racial, "as outras causas — preconceitos pessoais, gentrificação e migração branca, condução do mercado imobiliário, restrição de crédito bancário, diferenças de renda e autossegregação — ainda existiriam, mas com menos oportunidade de expressão".

Um amigo negro diz que pessoas brancas estão assumindo o trabalho antirracista. Ele está falando sério? Ele não se refere a isso apenas economicamente. Não é convidado para oferecer workshops de diversidade quando espaços brancos conseguem mulheres brancas para fazer isso. Eu pergunto com humor, não era isso que pessoas negras e mestiças vinham pedindo? "Não é meu trabalho educar gente branca" — não é aquela frase que ouvi tantas vezes? Mas tal qual meu amigo, sinto que relações raciais e diferenças são mais complicadas do que simplesmente uma dinâmica que me ressinto de fazer parte. Nós todos sentimos que sabemos qual o problema, mas podemos, em meio aos nossos enredamentos, saber verdadeiramente o que motiva o outro? Eu sei que a minha vida, meu sustento e possibilidades de vida dependem de saber mais sobre determinadas coisas que as pessoas brancas ignoram deliberadamente. Quem representará essa realidade se uma pessoa negra não estiver na sala? Entendo o ponto do meu amigo.

Mais tarde naquele dia, perguntei a uma amiga branca se pessoas brancas conversam sobre seu racismo entre elas. Isso não acontece, ela me disse. No entanto, ela acredita, é assim que os brancos aprenderiam a se fortalecer em relação à sua conivência com o racismo estrutural. O menos importante são as infrações diárias que os brancos cometem dizendo e fazendo coisas lamentáveis, dada a socialização deles numa cultura que é elaborada para mantê-los ignorantes das violências cometidas contra pessoas de cor, seja pela polícia, pela exclusão, pela vigilância ou negligência. A socialização deles afeta fundamentalmente as pessoas de cor, tanto faz se indivíduos brancos estão presentes na institucionalização de decisões racistas e omissões.

Já que as decisões tomadas reinstauram as hierarquias brancas todos os dias, seria bom se a branquitude fosse destacada e se tornasse visível para aqueles que não conseguem vê-la e por aqueles não comprometidos em mantê-la dominante. A consciência tem que acontecer em salas onde todo mundo é branco, uma vez que essas salas já estão por aí.

Texto *Não estariam essas conversas, que são tentativas ostensivas de trabalhar a branquitude sem restabelecer o pensamento hierárquico branco, escolhendo a comodidade branca em vez do desconforto branco e a integração? Isso é um problema?*

Notas e fontes Para um debate extenso sobre integração, leia *The Imperative of Integration*, da filósofa Elizabeth Anderson.

Cenário:

- Enquanto dá aula sobre um período da arte africana, você exibe a seguinte imagem e pergunta aos alunos o que eles acham. Um estudante afirma que a obra "parece uma macaca". Alguns alunos da turma reagem rindo e alguns alunos negros parecem chateados.
- O que você pensa sobre esse comentário?
- Como poderia responder a essa situação?

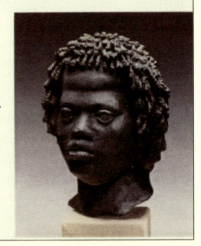

Mas, eu digo ao meu amigo, acho irônico que essas conversas que permitem aos brancos falar abertamente sobre branquitude devam começar em espaços segregados. Não estariam essas conversas, que são tentativas ostensivas de trabalhar a branquitude sem restabelecer o pensamento hierárquico branco, escolhendo a comodidade branca em vez do desconforto branco e a integração? Isso é um problema? Parte da formação cognitiva é influenciada pelo ambiente.

Meu amigo diz que esse é um jeito "duro" de ver a questão. Mas se você é branco e recebe mensagens do seu entorno que reafirmam a ideia de que a solidariedade branca é o jeito de organizar o seu mundo, até ao se fazer o trabalho antirracista, então como você não vai acreditar que um mundo todo construído pelos brancos não é você em seu melhor desempenho? Como isso não vai lhe parecer natural e certo? Duro, sim. Irônico, sim.

Pouco tempo depois dessa conversa, um amigo branco participou de um workshop de diversidade. Ele me manda emojis com caras malucas durante o evento para professores e funcionários do departamento. Eu ligo assim que ele indica que o workshop acabou. A sessão foi conduzida por duas mulheres brancas. Apenas um integrante negro do departamento estava no grupo. Todos os participantes foram apresentados a exemplos de situações na sala de aula que pareciam claramente envolver racismo.

O cenário: "Enquanto dá aula sobre um período da arte africana, você exibe a seguinte imagem e pergunta aos alunos o que eles acham. Um estudante afirma que a obra 'parece uma macaca'. Alguns alunos da turma reagem rindo e alguns alunos negros parecem chateados".

As pessoas no workshop dizem que a comparação entre uma pessoa negra e um macaco é uma piada. Piadas podem ser usadas para chamar a atenção ou dispersá-la, expressar um sentimento, ou um

Texto *Comparar uma pessoa negra com um macaco é uma das formas mais velhas e eficientes de racismo no manual não escrito da supremacia branca.*

Notas e fontes O filósofo Charles Mills e o sociólogo Wulf Hund editaram um livro sobre "simianização" que reúne ensaios sobre a desumanização como uma forma de racismo, com atenção particular à comparação com os macacos. Faz uma revisão de casos contemporâneos dessa forma de racismo e de uma história. A edição, devido à sua data de lançamento, não inclui o tuíte do ex-apresentador da BBC Danny Baker, que incluía a imagem abaixo e se referia ao bebê mestiço do duque e da duquesa de Sussex.

sentimento racista. Estou brincando. Pega leve. Piadas permitem que alguém tenha algo e fuja disso simultaneamente.

Ninguém menciona Pamela Ramsey Taylor, que comentou no Facebook que "será um alívio tão grande ter uma primeira-dama bonita, elegante e digna outra vez na Casa Branca. Estou cansada de ver uma macaca [sic] de salto alto".

Comparar uma pessoa negra com um macaco é uma das formas mais velhas e eficientes de racismo no manual não escrito da supremacia branca. Leslie Jones, integrante do elenco do *Saturday Night Live* se sentiu compelida a tuitar: "O.k., eu tenho sido chamada de macaca, recebido fotos das bundas deles, recebi até uma foto com sêmen no meu rosto. Estou tentando entender o que os humanos querem dizer. Para mim, chega".

No cenário, era uma pessoa branca que fazia essa comparação? Minha ênfase é em "branca" e não em "pessoa". O indivíduo mencionado é menos importante do que o uso da palavra "macaca", que tenta apagar a personalidade de quem é associada a ela. Sem "macaquice", disse o governador da Flórida Ron DeSantis durante sua campanha eleitoral de 2018, e nós todos entendemos que a declaração significava, historicamente, não vote em candidatos negros, ainda que DeSantis negasse.

Texto *O teórico Benjamin Eleanor Adam observa que pesquisas no Google pelo termo "evolução" tendem a retratar o ponto alto da evolução como o corpo do homem branco...*

Notas e fontes A pesquisadora Monique Scott, em seu livro *Rethinking Evolution in the Museum: Envisioning African Origins* [Repensando a evolução no museu: Origens africanas sob perspectiva], descreve esse tipo de ilustração linear da evolução, dos discursos darwinistas do século XIX ao livro da Time-Life de 1965, *Early Man*, de F. Clark Howell, a primeira representação gráfica dos homens marchando numa fila única. Scott escreve: "Imagens dos primeiros livros, jornais e exposições sobre evolução ilustram que, desde as primeiras encarnações da evolução humana, o conceito tem sido acompanhado por tais narrativas progressistas... a imagem da 'marcha para o progresso'".

Ver também a entrevista "James Baldwin Discusses the Problem of Being White in America", de 1985: "Quando americanos dizem mudança em geral, eles realmente estão falando de progresso. E quando dizem progresso, realmente estão falando — e não sabem que querem dizer isso — da rapidez e da medida e do quão profundamente uma pessoa negra se torna branca. Eles se consideram inevitavelmente o único modelo possível para o que eles chamam de mudança".

O teórico Benjamin Eleanor Adam observa que pesquisas no Google pelo termo "evolução" tendem a retratar o ponto alto da evolução como o corpo do homem branco, portanto "relacionando a brancura e a humanidade, uma associação que tem suas raízes nas justificativas científicas e éticas do colonialismo, da escravidão e do genocídio... Ao apresentar os brancos como os humanos fundamentais que possuem os corpos e os comportamentos considerados os traços humanos profundamente significativos, os brancos justificaram, e continuam a justificar, a supremacia branca". Assim, o uso da palavra "macaco" em relação a pessoas negras coloca os homens brancos na posição mais importante da linha evolutiva, uma estupidez observada por James Baldwin numa entrevista intitulada "James Baldwin Discusses the Problem of Being White in America" [James Baldwin discute o problema de ser branco nos Estados Unidos]: "Brancos buscaram civilizar as pessoas negras antes de civilizarem a si mesmos".

Se a estrutura que sustenta o cenário em si é racista, as perguntas são perguntas capciosas?

No workshop de diversidade ninguém perguntou por que o cenário deixa de fora a raça do estudante que afirma que a imagem de uma figura negra "parece uma macaca". Isso teria sido útil. Branco? Asiático? Latinx? Eu extrapolo que quem fez a afirmação não era negro, uma vez que estudantes negros são marcados pela sua raça. "Alguns alunos negros parecem chateados." Está além do imaginável que alunos brancos também pudessem ficar chateados com isso, ou alunos asiáticos ou alunos latinx ou alunos asiáticos negros ou latinx negros ou indígenas ou...? Uma vez que não há cenário em que estudantes brancos estão chateados com a afirmação, podemos entender qualquer inquietação que eles sentissem como sendo insincera, fingida e não acionável juridicamente?

De acordo com o relato do meu amigo, um integrante branco do departamento na sala insistiu em dar ao "estudante brincalhão" (ele/ela/ile é branco?) o benefício da dúvida. O único integrante negro

Texto *Se pessoas brancas não veem sua branquitude, como elas podem falar dela? O estudante era branco? Quem escreveu o cenário? A diversidade não inclui qualquer treinamento para nos vermos...*

Notas e fontes Ver "Try and Make Me! Why Corporate Diversity Training Fails" [Tente e me invente! Por que treinamentos corporativos de diversidade fracassam], publicado pela Associação Americana de Sociologia em 2007, sobre a história dos treinamentos de diversidade, começando em 1961 com uma medida provisória de John F. Kennedy que passou a exigir que prestadores de serviços federais realizassem "ações afirmativas" contra discriminação. Por volta de 2005, treinamentos de diversidade foram oferecidos por 65% das grandes empresas.

do departamento na sala ofereceu a ideia de que o estudante não quis dizer nada com isso. Ele também está disposto a dar ao estudante (ele/ela/ile é branco?) o benefício da dúvida.

Meu amigo branco esperou para ver o que as mulheres brancas que conduziam o workshop diriam. Elas não falaram nada. As facilitadoras seguiram adiante depois que todos que desejavam responder o fizeram, apesar do fato de que as mulheres brancas na administração são geralmente as que pedem por treinamentos de diversidade. Só então meu amigo interrompeu para apontar que, embora pudesse ser uma piada, ainda assim era uma piada racista. Se todos vocês estão ouvindo isso como um comentário inocente, o que há de inocente nele?, ele questionou. O integrante negro do departamento mudou suas alianças para apoiar meu amigo branco. Sim, ele está certo, acrescentou. Só então os outros sugeriram que o estudante (ele/ela/ile é branco?) seria chamado depois para uma conversa. Eu fiquei me perguntando sobre a expressão "chamado depois".

O chamar depois dá privacidade ao ato, colocando a afirmação do estudante fora de uma sala, e falha em abordar com responsabilidade o incômodo público que o estudante (ele/ela/ile é branco?) causou.

Na periferia das descrições que meu amigo fez da sessão de treinamento de diversidade naquela tarde ainda restavam perguntas: Se pessoas brancas não veem sua branquitude, como elas podem falar dela? O estudante era branco? Quem escreveu o cenário? A diversidade não inclui qualquer treinamento para nos vermos ou ela simplesmente tem a ver com lidar com o descontentamento negro?

Depois de desligar o telefone, caminhei até a porta da frente e a abri. O gramado estava coberto de folhas caídas. Apesar de sua beleza aparente, as folhas mortas estavam apodrecendo. Olhando as folhas, me lembrei de que semanas atrás uma mulher branca me

de *The White Man's Guilty* [A culpa do homem branco], de James Baldwin

Eu tenho me perguntado com frequência, e não é um questionamento prazeroso,
o que será que americanos brancos conversam entre si.

Eu me pergunto isso porque no fim das contas
eles não parecem ter muita coisa a dizer para *mim*,
e há muito concluí que eles acham a cor

da minha pele intimidante. Essa cor
parece funcionar como o mais desagradável dos espelhos,
e uma quantidade imensa de energia é gasta

em convencer os americanos brancos
que eles não enxergam o que veem. Isso é totalmente
fútil, é claro, uma vez que eles *enxergam* o que veem.

E o que eles veem é uma terrivelmente opressiva
e sangrenta história, conhecida no mundo inteiro.
O que eles veem é uma desastrosa, contínua,

condição presente que os ameaça, e pela qual
eles possuem uma responsabilidade inescapável.

Mas uma vez que, como um todo, eles parecem desprovidos de energia
para mudar essa condição,
prefeririam não ser lembrados dela.

Isso significa que em suas conversas
entre si, eles somente emitem sons reconfortantes?

Isso dificilmente parece possível, ainda assim, por outro lado,
parece muito provável.

disse: "Eu participo da luta antirracista desde os anos 1980. Estou aqui para te dizer que não faz diferença". Na hora eu ri com meu rosto inteiro. Minha risada tomou meu corpo de tal forma que ela também começou a rir. Do que estávamos rindo? O ar estava fresco. Fechei a porta e voltei para minha mesa, onde me demorei destacando uma declaração de uma entrevista de Baldwin. •

lemonade

Texto *... conto a ela dramaticamente que as estatísticas sobre saúde na internet afirmam que eu deveria estar morta...*

Notas e fontes Veja o relatório do CDC *Estatísticas sobre câncer de mama entre mulheres negras e brancas*:

"Mulheres negras e mulheres brancas têm câncer de mama aproximadamente na mesma proporção, mas a taxa de mortalidade das mulheres negras é mais alta que a das mulheres brancas.

"Comparadas com as mulheres brancas, as mulheres negras tiveram menos taxas de diagnósticos de câncer de mama (taxas de incidência) e taxas de mortalidade mais altas em decorrência do câncer de mama (taxas de mortes) entre 1999 e 2013. Durante esse período, a incidência do câncer de mama entre mulheres brancas caiu e subiu ligeiramente entre as mulheres negras. Atualmente, a incidência de câncer de mama é praticamente a mesma entre mulheres das duas raças.

"Mortes em decorrência do câncer de mama estão caindo entre mulheres negras e mulheres brancas, especialmente entre mulheres negras mais jovens. No entanto, as taxas de mortalidade são 40% mais altas entre mulheres negras do que entre mulheres brancas."

A terapeuta conjugal loira claramente tem o cabelo escuro. Eu me pergunto se o amarelado do seu cabelo é intencional para mantê-la um passo mais perto do desejável fora do consultório ou mais cordial dentro dele? Não compartilho nenhum desses pensamentos enquanto eu e meu marido nos sentamos diante dela no consultório; em vez disso, conto a ela dramaticamente que as estatísticas sobre saúde na internet afirmam que eu deveria estar morta, mas é o século XXI, e depois de um ano ficando enjoada por causa da medicação tóxica da quimioterapia e da radioterapia, agora me sinto melhor.

A ameaça da morte iminente tinha construído uma mansão na minha mente onde antes existia um hotel de beira de estrada para medos passageiros. Obediente à minha nova realidade, eu vivia em intervalos de três meses entre os exames de sangue. Haveria níveis elevados de proteínas nas minhas células indicando que meu câncer voltou? As células ficaram quietas, e então, um dia, enquanto íamos para o hospital, como se eu fosse o personagem de Denzel Washington no filme *Um limite entre nós*, adaptação da peça *Fences* de August Wilson, eu estava sentada em um carro em alta velocidade, e porque as metáforas também podem ser realidades, em alta velocidade informei ao meu marido que, no tempo que me resta, embora o tempo que resta seja sempre desconhecido, eu precisava encontrar um companheiro que me fizesse rir. Foi um momento sem a menor graça, então meu ponto ficou claro. Foi assim que viemos parar nessa terapeuta de casais depois de vinte anos de um casamento bem-sucedido cheio de colaborações e filmes e criação de filhos e caminhadas com o cachorro e leituras compartilhadas e oferecimento de jantares.

Meu marido e eu passamos grande parte das nossas décadas juntos criando arte que abordasse o tratamento racista que os brancos infligem aos negros. Nós pesquisamos e registramos casos em que policiais atiraram em pessoas negras desarmadas; rastreamos legisladores e juízes comprometidos com o encarceramento em massa; compartilhamos artigos sobre crianças negras tratadas pior do que

animais pelos agentes da lei; nós dois choramos desavergonhadamente quando uma menina negra foi arrastada pela sala de aula por um guarda escolar e quando uma menina negra foi jogada no chão por um policial branco numa festa à beira da piscina em McKinney, Texas. Um ano sim, outro também, ouvíamos e trocávamos olhares enquanto pessoas brancas diziam coisas escandalosamente racistas na nossa presença. Nós tentávamos dar sentido a isso em imagens e narrativas coerentes. Nós brigamos por causa de assuntos misteriosos, como pontos de vista, e mundanos, como dinheiro. Ao longo dos anos, caminhamos quilômetros dentro de museus e passamos horas sentados dentro de cinemas pensando como fazer o que fazíamos de melhor. Nós ajudamos um ao outro em nossos esforços e ficamos felizes pelas realizações de cada um. Meu marido me acalmava quando eu me confrontava com o racismo, e eu o acalmava quando ele se confrontava com a burocracia. Assim os anos passaram.

Embora nós não fôssemos parar, dessa vez sugeri que redirecionássemos o fluxo que era a nossa vida. Meu marido contou à terapeuta que eu tinha comunicado coisas profundamente dolorosas nos últimos meses, a pior delas, quando eu lhe disse que poderia seguir em frente confiante rumo à liberdade do divórcio porque como um homem branco de meia-idade alto, de olhos azuis, razoavelmente em boa forma, na América, ele não teria problemas em me substituir, uma mulher negra.

Isso foi uma coisa cruel de ser dita, foi o que pareceu à terapeuta, não por ser uma inverdade, mas porque meu marido se sentiu magoado com isso. Essa capacidade de separar fato de afeto é o que se aprende na terapia.

Quando conheci meu marido aos trinta anos, ele era sério e totalmente consciente do que o racismo tornou possível. Eu vim a conhecê-lo primeiro por causa de seu trabalho: imagens de crianças afro-americanas cujas circunstâncias de vida ninguém merecia.

Seu entendimento das políticas raciais e do sistema de justiça deste país era mais variado e mais claro do que o meu. Eu não precisava convencê-lo, ou mostrar a ele, ou explicar qualquer coisa sobre como o racismo antinegro dos brancos funcionava. Era um alívio. Ele era o alívio. Foi com ele que entrei nas primeiras prisões para visitar jovens que receberam sentenças excessivas. Ele fazia a diferença nas vidas sem privilégio econômico e assistência jurídica com as quais se deparava. Ele visitava como um amigo. Com ele, eu aprendi o que significava simplesmente estar lá e tirar uma foto do que você via.

Você reconhece o seu valor? A terapeuta pergunta isso como se nunca tivesse visto como mulheres negras são tratadas no mundo. É claro que sim, digo lentamente para me dar tempo de entender a sua linha de raciocínio. Eu não estou falando de mim. Não consigo me apoiar, me integrar ou casar comigo mesma. Digo isso a ela para lhe dar tempo para pensar no que dirá em seguida. Você não entende o quanto seu marido a valoriza?, é sua pergunta seguinte. O.k., eu digo. Mas meu marido, seja ele quem for, também não é a América branca?

É óbvio que não; mas mesmo o óbvio está dentro da história, então, sim, também. Eu me pergunto se a questão que ela deveria levantar é se um amor descomplicado poderia surgir de nosso interesse compartilhado pela raiva branca e pela violência branca contra pessoas negras dentro de uma estrutura democrática que apoia esse comportamento. Posso não ser uma especialista em minha própria opressão, e certamente não é nela que encontro prazer. Quem sabe pudéssemos falar disso. Então penso que talvez mencionar a branquitude do meu marido fosse uma maneira de lhe devolver seja lá o que ele pudesse perder se eu morresse ou fosse embora. Talvez fosse uma forma de dizer: você vence. Você vai vencer. O câncer sou eu perdendo, e ainda que eu descubra a piada em tudo isso, ainda sou eu perdendo. Você venceu. Não consegue ver isso? Mas ninguém vence quando se barganha com o câncer ou com o tempo.

A terapeuta tinha me perguntado qual a coisa mais cruel que sentia ter dito ao meu marido, eu não diria o que ele disse, já que a minha declaração apenas parecia uma verdade que nós víamos se manifestar em todos os outros casamentos ao nosso redor. Mas quando escaneio minha memória, o fato é que a única coisa que eu tinha dito apontava diretamente para sua brancura. Considerando que pessoas brancas não gostam de ser chamadas de brancas, eu me pergunto se disse aquilo para magoar meu marido, uma vez que muitas das palavras naqueles meses foram lançadas como parte de uma briga. Embora admita que na época eu era a pessoa menos equipada para julgar meu próprio subtexto, por mais que eu olhasse para ele, minha afirmação continuava a parecer a verdade da questão.

Centrado na mágoa e na história, *Lemonade*, de Beyoncé, aborda a infidelidade, quatrocentos anos de racismo e seus efeitos em famílias negras devastadas. Nada disso coincidia totalmente com os nossos problemas, mas ainda assim o achei reconfortante. Talvez seja por que o "álbum visual" também trate do amor negro, ou é só amor? Beyoncé ajusta a perspectiva e nos coloca à distância para vermos como toda a história estava contra o sucesso de seu casamento, e ela não está errada. Meu casamento inter-racial também existia nos Estados Unidos racista cujos caminhos tornavam a vida mais difícil. Muitas vezes, em Nova York e Nova Jersey (nós moramos no Sul só por um ano), éramos parados por policiais que nos perguntavam como nós nos conhecemos; há todo tipo de lugar onde meu marido entra e eu sou barrada na porta; e há as mulheres brancas que entendem nosso relacionamento como qualquer coisa que não um casamento, enquanto se interpõem entre nós para flertar. Nós rimos desses momentos em tempo real, mas esse não era o tipo de risada da qual eu estava em busca.

Nossas risadas vinham dos momentos em que o mundo, sua estrutura, dizia tudo. Essa risada era reativa e servia como um reconhecimento da idiotice e da violência. Era uma risada compreensiva,

ainda que sentíssemos os golpes nos atingindo. Era uma risada de "o que você pode fazer?" e "ai, meu Deus". Nós ríamos do que nós víamos, do que nós sabíamos, de nossas experiências, e raramente falávamos além disso. Nossas vidas, nosso casamento, nossas colaborações eram construídos neste mundo.

Haveria a possibilidade de um amor e de uma risada que vivessem fora da estrutura que nos uniu? A quem poderia contar que, embora eu nunca tenha abandonado minha vida, às vezes eu queria fazer isso? *Há uma dor — tão total — que engole toda a substância —* A quem eu poderia contar sem que essa revelação fosse uma ameaça ou a expressão de um desejo de ser punida? *Assim caminha a memória — em torno — através —* A quem eu poderia contar para que a revelação fosse em si um espaço para habitar e talvez, quem sabe, uma piada sobre uma noite tempestuosa? Agora seria um bom dia para ir embora, esse alguém imaginário diria. Esse seria um amor que não é defendido, que teria um humor inabalável sobre os amanhãs. Como seria sentir isso em qualquer América?

Nesta América, nós ainda temos que conquistar a risada que surge de nossas próprias conversas, nossa própria lógica doida, que encontra o seu lugar na realidade, embora ela não seja qualquer realidade que você possa ter sem conhecer uma pessoa realmente, ou ao menos tentar compreender os caminhos individuais que cada um de nós construiu para que possamos nos manter inteiros. A poeta Erica Hunt descreve o amor como "uma leitura minuciosa" que "me ajuda a me inventar mais — no futuro". É a definição de amor mais praticável que encontrei até o momento.

As pessoas se sentem magoadas quando você aponta a realidade que forma a experiência, porque a realidade não é a experiência emocional delas, a terapeuta nos lembrou disso naquele dia. As estruturas que informam nossas vidas são a arquitetura predeterminada nas quais vivemos dentro ou contra ela. Mas talvez eu esteja começando a saber que sentimentos podem mudar as estruturas. Se muitos

Enquanto [nós] permanecermos juntos, deve haver uma posição de superior e inferior, e eu, assim como qualquer outro homem, sou a favor de ter a posição superior que me é designada pela raça branca. Digo isso uma vez que não entendo que, porque o homem branco deve ocupar a posição superior, tudo deve ser negado ao negro. Eu não entendo que, por não querer uma mulher negra como escrava, deva necessariamente querê-la como esposa.

Abraham Lincoln

homens brancos podem ter muito do que querem, incluindo potenciais mulheres anônimas de qualquer idade que eles ainda virão a conhecer, numa sociedade que os apoia com imagens de policiais e cavalheiros e Don Drapers, isso não significa, a terapeuta deu a entender, que meu marido não ficaria arrasado com a minha ausência.

E se a mulher negra é a pessoa mais desprotegida, desrespeitada e negligenciada na América, como Malcolm X nos disse antes de ser assassinado, e como Beyoncé nos lembrou em seu "álbum visual" *Lemonade,* isso não significa que eu morreria se faltasse humor à minha vida, como faltou enquanto eu estava morrendo. Há algo a ser dito sobre estar ao lado de nossa sóbria realidade. Algumas realidades não são divertidas. Elas são feitas de verdades mais vitais do que risíveis, não importa o quanto ou quão pouco tempo você tenha. •

esticados

Nós precisamos navegar por um véu nublado para chegarmos a um objeto humano. A brancura está num modo de ver. Nós mal conseguimos segurar o que é observado. Penso no que significa suavizar uma imagem, assim como a lembrança dela, como uma memória futura dela. O filtro cobre nossas pupilas e age como um tipo de catarata, mesmo que nossas aberturas pretas circulares se abram para a luz. A visão é embaçada e todas as declarações são projeções, palpites, educados ou não. Quanto mais alguém olha, mais os olhos tentam focar, confinar uma narrativa. É uma tensão para formular uma sentença declarativa. Mas agora uma mulher surge como se uma aparição se estabelecesse. Há uma mulher negra no centro das coisas, que vive em meio à brancura. O título da fotografia, *Mulher com os braços esticados*, nos pede que olhemos com atenção para o que ela está fazendo. A linguagem do título, "esticados", parece uma afirmação exagerada, interessante — otimista em sua inclinação para o futuro, um momento à frente dela. Ela é uma evidência de quê? As restrições do tempo acabam sendo as restrições humanas? Uma vez confundi a passagem do tempo com a mudança. Foi um uso descuidado das limitações de liberdade da linguagem. A retórica da branquitude criou uma confusão brutal. Mesmo agora, anos depois, há anos de distância, no mundo da imagem, alguém espera. Os braços da mulher parecem levemente tensionados ao lado do corpo. O movimento deles é captado pela imagem. A fotografia reflete o momento antes da ação realizada pela descrição do título? O que alguém pode saber sobre o momento fotografado ou o seu título? Começo a me perguntar se esticado é um jeito de transferir um anseio. Os braços dela abertos na chegada. O que é que ela vê chegando? O desejo inunda a brancura. A fotografia captura uma paisagem urbana americana contendo uma mulher negra, "editada fora de nossa visão", como o fotógrafo Paul Graham a descreve. A fotografia pertence a sua série *American Night* [Noite americana]. Talvez o desejo que eu associo à imagem tenha origem no fotógrafo branco. Talvez a bruma branca seja a sua tentativa de ver o que a paisagem americana mantém fora de suas vistas, dos homens brancos, das pessoas brancas. Todas as pessoas? Graham diz que você tem que escolher

Texto *Um necropastoral. Esse termo não está no dicionário. Onde eu o ouvi pela primeira vez? Ele também não existe e, contudo, foi dito e agora está sendo repetido.*

Checagem dos fatos Sim, não está no dicionário, mas foi definido por Joyelle McSweeney abaixo.

Notas e fontes "O que é o necropastoral?", por Joyelle McSweeney. "Escrevi sobre necropastoral pela primeira vez em janeiro de 2011. O necropastoral é uma zona estético-política na qual as depredações humanas não podem ser separadas de uma experiência da 'natureza', que é envenenada, mudada, espetacular e cheia de efeitos e afetos colaterais. O necropastoral é uma zona não racional, um anacronismo, geralmente ele olha para trás e não se inscreve nas coordenadas cartesianas ou nas ideias iluministas de racionalidade e linearidade, causa e efeito. Ele não se inscreve no humanismo, mas está interessado em modalidades não humanas, como insetos, vírus, plantas e fungos."

vencer sua própria cegueira enquanto ele desacelera o processo de ver ao aumentar muito a exposição da fotografia. Ele deseja comunicar a dificuldade de conhecer por meio do olhar. A mulher da cena está passeando com seu cachorro? O cachorro é uma sacola. Consigo discernir as alças. Ela a pôs no chão para liberar as mãos. Ela está preparada para esperar. Uma vez que deixa de ser o objeto do olhar do fotógrafo, ela poderia fazer qualquer outra coisa. Ou ela está para sempre do lado de fora do imaginário da nossa democracia, trancada para sempre na rua, confirmando a visão que o fotógrafo branco tem da negritude. Ou, no momento depois que o obturador se fecha, o ônibus chega? A grama sobre a qual ela está de pé não é um destino. Não é a natureza. É um canteiro de grama seca, entre infraestruturas, entre pistas de uma avenida, entre aqui e lugar nenhum, entre ele e ela, entre ele e eu, entre mim e você. É um cercado racializado. Um necropastoral. Esse termo não está no dicionário. Onde eu o ouvi pela primeira vez? Ele também não existe e, contudo, foi dito e agora está sendo repetido. Eu nasci. Na narrativa de um escravizado isso não significa nada. Insignificante. Eu nasci e agora estou no meio dessa fotografia sendo repetida para que o fotógrafo possa ver o que a branquitude apagou e está apagando e vai apagar porque a vida branca concretiza o problema do apagamento. Há outras palavras também: mangueiras, cães, genocídio, encarceramento, assassinato, muro, imigração, Posso ajudar? Por que você está aqui? Você mora aqui? Posso ver seu documento? Essa é a sua casa? Ela é sua esposa? Dentro da forma de uma mulher há uma mulher? Como estou sendo humana, eu sou um ser humano? Braços esticados? Meu cu. Minha postura em relação à vida esticada em segundos, minutos, dias, meses, anos, décadas. Era uma vez 1619. O mês era agosto. Eu me sentei olhando para uma imagem que se desdobrava. Vida. Um filme de branquitude. Foi então que o alarme da minha casa disparou. Eu segui o som do Atlântico.

filha

Porque eu quero o mundo para a minha filha, e quero mesmo dizer o mundo, tive meu pensamento mais corrupto do ano. Chegou a época das reuniões de pais e professores no outono em sua escola de ensino médio predominantemente branca, e eu penso, se o pai branco dela for sozinho, os preconceitos inconscientes dos seus professores não serão acionados por mim para recair sobre ela. Ó Deus. Ó Deus. Ó Deus.

Onze pessoas foram atingidas por tiros de um terrorista branco numa sinagoga. "Vocês não vão nos substituir, os judeus não vão nos substituir" era um canto que enchia as ruas de Charlottesville dois verões atrás. "Pessoas muito boas dos dois lados" foi como o presidente que se identifica como nacionalista viu o acontecido. Duas pessoas negras foram atingidas em Kroger depois que um branco nacionalista não conseguiu entrar numa igreja negra. Igrejas negras estão sendo queimadas uma atrás da outra, isso depois de nove pessoas terem sido mortas num estudo bíblico na Igreja Metodista Episcopal Emanuel African por um supremacista branco descrito como alguém com "olhos tristes"; bombas caseiras tem sido enviadas pelo correio para escritórios de veículos de comunicação e figuras do partido democrata, e, e, e. Depois de uma sequência de mensagens de ódio, um alarme foi instalado na minha casa, o que me faz me sentir mais segura e, ao mesmo tempo, como se eu vivesse dentro de um forte numa guerra civil. Uma amiga, que fazia uma visita quando um carteiro chegou, me disse para não abrir os pacotes dentro de casa. Por que eu quero este mundo para a minha filha?

Outra amiga branca me disse que ela precisa me defender o tempo inteiro para seus amigos brancos que me consideram uma radical. Por quê? Por chamar as pessoas brancas de brancas? Por não querer que pessoas negras desarmadas sejam alvejadas nas nossas ruas, nem meninas negras arrastadas de um lado a outro em salas de aula, nem jogadas no chão por seguranças? (Em sua maior parte, até então, por homens brancos em casos registrados). O que isso significa? Pergunto a ela. Não me defenda. Não por ser humana. Não por querer que os outros possam viver suas vidas. Não por querer que nós tenhamos uma vida.

Texto *Enquanto nos sentamos na frente dos seus professores brancos, sorrio e balanço a cabeça, mas realmente só quero perguntar se eles pensam ativamente sobre seu racismo inconsciente e preconceito implícito, que é inevitável em nosso mundo, o mesmo mundo que eu quero para a minha filha.*

Notas e fontes Em "The Power of Teacher Expectations: How Racial Bias Hinders Students Attainment" [O poder da expectativa do professor: Como o preconceito racial atrapalha as conquistas do alunos], Seth Gershenson e Nicholas Papageorge usaram o *Education Longitudinal Study* de 2002 (que "acompanhou um grupo de alunos do segundo ano do ensino médio por uma década" e incluiu uma pesquisa sobre as expectativas do professor em relação aos seus alunos) para descobrir que "professores brancos, que representam a grande maioria dos educadores americanos, têm expectativas muito mais baixas em relação aos alunos negros do que aos alunos brancos em situações similares. Essa evidência sugere que, para aumentar o rendimento dos alunos, especialmente dos alunos de cor, elevar a expectativa dos professores, eliminar o preconceito racial e contratar um corpo docente mais diverso são objetivos excelentes". Ver também o artigo "Who Believes in Me? The Effect of Student-Teacher Demographic Match on Teacher Expectations" [Quem acredita em mim? O efeito do encontro demográfico entre professor e aluno nas expectativas dos professores], de Seth Gershenson, Stephen B. Holt e Nicholas W. Papageorge, publicado na *Economics Education Review*.

O desejo de ficar em casa diante da reunião de pais e professores faz algum sentido, ainda que o sentimento me inquiete, comece a tropeçar pela minha cabeça, mas, por outro lado, ele não poderia me impedir de ir conhecer os professores da minha filha. Assim que colocamos os pés no ginásio da escola, meu marido branco comenta que ele não viu nenhum professor não branco. Uma vez que compartilhei minha versão desse pensamento com ele, sua ansiedade pode, ou não, ter a ver comigo.

"ALGUÉM QUE DIZ QUALQUER COISA REVELA AQUELA COISA", afirma o cartaz de Eve Fowler pendurado em nossa casa. Está lá como um lembrete. Qual é a coisa que meu marido está revelando? Se ficasse com seu pensamento articulado por tempo suficiente, ele acabaria no mesmo lugar fodido comigo, ficando em casa para que eu não acionasse os preconceitos raciais dos professores brancos? Ele quer que eu vá embora porque estou sub-representada? Está se sentindo representado em excesso? Está se afogando na própria brancura? Ou está apenas no modo de solução de problemas? Qualquer que seja o caso, ele também está lidando com sentimentos. Ele está preocupado com o mundo ou com este lugar específico? Ou com os dois?

Ó Deus. Nós contamos apenas dois professores negros. Nossa filha não está nas aulas de nenhum deles. Sabemos que nossa filha ama as aulas e fala muito bem de seus professores. O.k. O.k. Enquanto nos sentamos na frente dos seus professores brancos, sorrio e balanço a cabeça, mas realmente só quero perguntar se eles pensam ativamente sobre seu racismo inconsciente e preconceito implícito, que é inevitável em nosso mundo, o mesmo mundo que eu quero para a minha filha. Isso é muito. Eu poderia me engasgar com isso.

Cada um dos seus professores quer saber se nós temos alguma pergunta. Apenas uma pergunta vive e respira entre nós. Apenas uma pergunta me perturba, como uma criança querendo a minha atenção.

E o que aquilo significava era que gerações de crianças afro-americanas eram empurradas a realizar essa missão [da integração]. E nós as enviamos para lugares que não eram seguros, onde elas foram humilhadas, onde os seus egos eram dizimados em estruturas — como disse Toni Morrison, "lá fora, eles não amam as nossas crianças". E essas gerações de crianças afro-americanas se sentiram abandonadas, e um abismo cresceu entre afro-americanos mais velhos e mais jovens, baseado nessa sensação dos mais jovens, de terem se sentido abandonados. E eles não entendem, por que nós os enviamos, crianças pequenas, para lugares sem nenhuma proteção?

Ruby Sales

Vamos lá. Faça. Sabendo que o DNA da branquitude em si inclui se defender do meu conhecimento de nossa história compartilhada, a ponto de torná-la a-histórica e enquadrar tudo economicamente ou universalmente como se isso apagasse o racismo, o que eles diriam, o que poderiam dizer? *Eu sei que eu sou branco e sua filha é mestiça e você é negra.* Se nós começássemos por aí, e então? *Eu sei e às vezes eu penso...* O que você pensa? Mais importante, o que você pensa quando não está pensando?

Olhando ao redor, eu me pergunto sobre todos aqueles pais brancos que me cercam. Alguns deles estavam preocupados que todos aqueles professores brancos representassem a raça de seus filhos em excesso e assim afirmassem a dominância e o pensamento hierárquico brancos? Há qualquer preocupação de que esses professores brancos, com uma representação acachapante de branquitude, estejam confirmando as estruturas racistas às quais todos estamos sujeitos? Qual é o meu ponto aqui?

Eu não sei se minha filha está negociando os mesmos momentos que eu quando era estudante do ensino médio. Como ela poderia? Ela não sou eu. Por tudo o que eu disse, por tudo o que ela leu, como será para ela em tempo real? Por que eu não fiz o aquecimento para as estruturas sistêmicas afirmando minha falta de valor? O que eu precisava ver? O que eu precisaria sentir para confiar que minha filha receberá o espaço de que ela necessita apenas para ser assim que se sentar na sala de aula?

O que seria necessário para que eu me sentisse aliviada? Um grupo de pais brancos procurar a mim e ao meu marido para expressar preocupação com a falta de diversidade no corpo docente? Um grupo de professores nos procurar para dizer nós sabemos o que isso parece? Eu realmente quero acreditar que não sei as respostas, uma vez que não sei as respostas. Talvez eu queira acreditar que em algum lugar deste ginásio imenso existe uma rachadura — uma

rachadura nas minhas possibilidades imaginativas. Eu quero o mundo para minha filha.

Minha época de ensino médio e faculdade foi temperada com professores que se desviaram de seus caminhos para me ajudar. Todos eles brancos nas escolas particulares e católicas que frequentei. Só é preciso lógica anedótica ou sorte circunstancial. Mas para cada professor solícito de que me recordo, consigo me lembrar de dois ou três que eram socializados para não me verem. Na adolescência, eu não levei o comportamento deles para o lado pessoal. Eles eram algo para eu assistir. Mesmo naquela época, relembrando os que ignoravam minha mão no ar e para quem eu desaparecia, eu entendia passivamente seu desprezo e sua indiferença como "coisa de gente branca", instintiva mais do que reativa.

Pergunto a uma amiga branca com três filhos mestiços, agora crescidos, se ela se preocupava com a maneira como eles eram tratados na escola. Ela diz que realmente só se preocupava se o professor "entenderia" seu filho. "A única coisa na qual eu pensava era se o professor entenderia particularmente o meu filho", ela explicou. No ensino médio, ela estudou na Escola Miss Porter para garotas e, na época, nunca tinha pensado em qualquer relação dos professores com sua branquitude. Com seus próprios filhos, embora eles se identifiquem como negros, ela não se preocupou com os corpos docentes e estudantis predominantemente brancos nas suas escolas. Pensando em retrospecto, ela se lembra de uma professora ter lhe perguntado que idade seus filhos tinham quando ela os adotou. A ideia de um pai negro não entrava na imaginação de uma professora branca. O filho dela se lembra de outra professora que perguntou à sua mãe como ele pode ser seu filho se não tem seu cabelo loiro? Acho que eu era ingênua, ela acrescenta como uma reflexão tardia.

Texto … *pais brancos "conscientes" que agora moram em bairros gentrificados resistiram à integração de escolas do ensino fundamental II, que agora são predominantemente brancas.*

Notas e fontes De acordo com um estudo de 2016 do The Furman Center, que monitora a gentrificação dos bairros da cidade de Nova York na região do Harlem no Distrito 3 e áreas próximas, Hamilton Heights, Manhattanville e West Harlem, a população branca aumentou em 55%, assim como as populações hispânicas e asiáticas. A população negra caiu 41%.

Michael W. Kraus, Julian M. Rucker e Jennifer A. Richards, em "Americans Misperceive Racial Economic Equality" [Americanos percebem erroneamente a igualdade econômica racial] (PNAS: *Proceedings of the National Academy of Sciences of United States of America*): "Os resultados do presente estudo indicam que a maioria dos americanos tem percepções errôneas da desigualdade econômica baseada na raça. De fato, nossos resultados apontam uma tendência sistemática a perceber um grande progresso no sentido da igualdade econômica racial em vez do que realmente foi conquistado, em grande parte direcionada por superestimativas dos níveis atuais de igualdade. Embora essa tendência a superestimar a igualdade econômica racial tenha sido observada entre brancos e negros americanos, também houve uma diferença de status importante na magnitude das percepções errôneas: as superestimativas dos americanos brancos com alta renda em relação a igualdade econômica racial atual são mais altas em comparação com as percepções dos brancos de baixa renda e as dos negros com mais e menos renda. Portanto, o presente resultado indica que a tendência a superestimar a igualdade econômica racial provavelmente é moldada por fatores motivacionais e estruturais que levam as pessoas a negar e/ou permanecer inconscientes das formas como a raça continua a definir a situação econômica na sociedade contemporânea".

Texto *O plano significaria que crianças com notas mais baixas (ouça: desigualdade econômica baseada na raça) teriam a chance de frequentar uma escola com recursos melhores.*

Notas e fontes No site Chalkbeat: "Another Integration Plan for Upper West Side Middle Schools Is Met with Some Support, but also Familiar Concerns" [Outro plano de integração para as escolas de ensino fundamental II do Upper West Side é recebido com algum apoio, mas também preocupações familiares], de Christina Veiga: "Embora a diversidade em geral tenha demonstrado benefícios para os alunos, … [um pai na P.S. 84] destacou estudos que mostraram efeitos negativos quando os alunos eram misturados com diferentes níveis de habilidades. 'A pesquisa aponta que isso não vai funcionar, e de fato pode ser um tiro no pé', ele disse. 'Penso que exigir diversidade acadêmica e assumir um lado para definir toda a abordagem é um desserviço'".

Essa ideia de uma preocupação compartilhada com outros pais brancos no que diz respeito à falta de diversidade na escola da minha filha me parece um pensamento frívolo. Eu o experimento embora saiba que muitos dos meus amigos brancos só agora encaram o que vem junto de sua branquitude diante de um presidente nacionalista, no mínimo o que é que significa ter sido criado por pessoas brancas que foram criadas por pessoas brancas que foram criadas por pessoas brancas que eram donas de escravos, ou não. É por isso que ninguém deveria ter se surpreendido com o debate sobre as escolas públicas do Upper West Side e de South Harlem no Distrito 3, onde pais brancos "conscientes" que agora moram em bairros gentrificados resistiram à integração de escolas do ensino fundamental II, que agora são predominantemente brancas. Muitos pais estavam indignados por tornarem 25% das vagas escolares disponíveis para crianças com notas abaixo dos testes padrão de proficiência que se qualificam para o almoço gratuito ou a baixo custo, um movimento que tornaria o corpo estudantil mais diverso. A preocupação deles de que seus filhos pudessem não ter mais vagas na escola expressou uma raiva incrédula que foi compartilhada com o mundo pelo diretor da escola que defendeu a integração. A surpresa dele diante do comportamento dos pais me surpreendeu. A que população ele achou que estava servindo?

O plano significaria que crianças com notas mais baixas (ouça: desigualdade econômica baseada na raça) teriam a chance de frequentar uma escola com recursos melhores. Como foi relatado, um pai branco argumentou que trazer crianças menos preparadas para a escola pública local poderia criar a "síndrome de impostor" naquelas crianças. Ele acreditava que elas fingiriam ser brancas ou fingiriam ser educadas? "Seja baseada no resultado acadêmico, na raça ou na economia — a segregação faz mal às crianças", um dos diretores argumentou. "Quando nós somos uma família, tentamos cuidar do melhor interesse de todas as crianças, não apenas daquelas em nossas casas." Outro pai branco sentiu que, como foi reportado

Texto *A incapacidade de pessoas brancas de verem outras crianças além das brancas como crianças é uma realidade que francamente deixa qualquer um desesperançado no que diz respeito a uma mudança nas atitudes em relação à percepção da humanidade de pessoas negras.*

Notas e fontes Juliet Hooker no artigo "Black Protest/ White Grievance: On the Problem of White Political Imagination Not Shaped by Loss" [Protesto negro/ Luto branco: Sobre o problema da imaginação política branca não formada pela perda], publicado na *The South Atlantic Quarterly*: "A imaginação política dos cidadãos brancos foi formada não pela experiência da perda mas, em vez disso, por diferentes aspectos da supremacia branca e... o resultado disso é uma espécie de matemática política distorcida que vê os ganhos negros como perdas brancas, e não apenas como perdas, mas como derrotas. Como consequência, nos momentos em que o privilégio branco está em crise porque a dominação branca está ameaçada, muitos cidadãos brancos não apenas são incapazes ou não estão dispostos a reconhecer o sofrimento negro; eles mobilizam uma sensação de vitimização branca como resposta".

Texto *Nós somos um grupo infeliz se revirando por dentro como as repetições e as insistências da "sobrevida da escravidão".*

Notas e fontes Saidiya Hartman, *Lose Your Mother: A Journey along the Atlantic Slave Route* [Perder a mãe: Uma jornada pela rota Atlântica da escravidão]: "Se a escravidão persiste como uma questão na vida política da América negra, isso não é devido a uma obsessão de antiquário pelos dias remotos ou pelo fardo de uma memória distante, mas porque vidas negras ainda estão em perigo e desvalorizadas por um cálculo racial e uma aritmética política que foram arraigados séculos atrás. Esta é a sobrevida da escravidão — chances distorcidas de vida, acesso limitado à saúde e à educação, morte prematura, encarceramento e empobrecimento. Eu também sou a sobrevida da escravidão".

pelo *New York Post*, "há algumas escolas de ensino fundamental II muito boas na cidade de Nova York e as crianças ricas não deveriam ser as únicas a entrar nelas... A integração das escolas é assustadora. Mesmo quando é a resposta certa, é assustadora". Ele quer dizer que a proximidade com não brancos é uma ameaça?

A incapacidade de pessoas brancas de verem outras crianças além das brancas como crianças é uma realidade que francamente deixa qualquer um desesperançado no que diz respeito a uma mudança nas atitudes em relação à percepção da humanidade de pessoas negras. A frase "elas são só crianças" existe com o não dito "exceto quando elas são negras". O pensamento completo vive debaixo da civilidade de muitos brancos que podem ser imaginados e de muitas pessoas de cor "excepcionais" cujo poder aquisitivo as coloca mais perto da identificação com a dominância branca e o racismo antinegro. Também há negros constrangidos pela pobreza de pessoas negras e mestiças porque eles veem a vida através das lentes julgadoras da discriminação branca e compreendem sua própria excepcionalidade como tênue, na medida em que é manchada por uma maioria da população negra desfavorecida. Nós somos um grupo infeliz se revirando por dentro como as repetições e as insistências da "sobrevida da escravidão".

Além disso, um projeto de lei que teria substituído o teste padronizado SHSAT e daria às crianças com os melhores desempenhos de todas as escolas de ensino fundamental II da cidade acesso às escolas de ensino médio gratuitas nunca chegou ao plenário da Câmara Estadual de Nova York. Eliza Shapiro e Vivian Wang apuraram que "algumas famílias asiáticas argumentaram que o plano do prefeito discriminava estudantes asiáticos de baixa renda que agora são uma maioria nas escolas". Por exemplo, Shapiro e Wang destacaram que das 895 vagas disponíveis na Stuyvesant High School em 2019, apenas sete foram para alunos negros. Aparentemente, estudantes negros e hispânicos de baixa renda são dispensáveis em conversas a respeito da segregação tanto em escolas do ensino fundamental II

Texto *Alguém branco que não esteja completamente identificado com a branquitude, mesmo que ainda seja capaz de ser surpreendido pelos seus métodos Jim Crow.*

Checagem dos fatos Sim, a conexão entre as leis Jim Crow e a educação.

Notas e fontes Frederick Douglass para um desconhecido (transcrição):

Washington, DC, 23 de novembro de 1887
Meu caro senhor,
Perdoe a demora — responder a sua carta fez com que uma pesquisa cuidadosa fosse necessária. De tudo o que consegui descobrir, advogados negros podem exercer a profissão nos tribunais no Sul, e estou muito contente de admitir o fato — pois isso implica uma revolução maravilhosa no sentimento público nos estados sulistas. Eu ainda não descobri quais são as desigualdades entre as raças no que se refere aos privilégios escolares no Sul... Em alguns estados, o tempo de aula nas escolas negras é menor que o permitido aos brancos. E ouvi e acredito que em nenhum dos estados os professores de escolas negras são tão bem pagos quanto os professores das escolas brancas. Minha própria observação tem sido de que professores brancos em escolas negras nos estados do Sul demostram menos interesse em seus pupilos. Isso não é estranho, uma vez que eles têm sido selecionados como professores mais por causa de suas necessidades do que por qualquer interesse que tenham demonstrado no progresso e na melhoria das condições da raça negra. [*danificada*: basicamente inutilizável] Eu não digo isso de todos, mas daqueles que estiveram sob a minha observação na Virgínia, por exemplo.
Em Kentucky, acredito que até agora a lei está interessada em que vantagens iguais na educação sejam estendidas para as crianças de cor, e o mesmo pode ser verdadeiro para outros estados. Acho que o Departamento de Educação lhe dará todas as informações que você venha a solicitar nesse aspecto do tema de suas pesquisas, nossos erros agora não são as leis que todos podemos ver — mas as práticas ocultas de pessoas que ainda não abandonaram a ideia de posse e domínio sobre seus companheiros humanos.

Com grande respeito, atenciosamente,

Fredk Douglass
Cedar Hill Anacostia DC, 23 de novembro de 1887

quanto nas de ensino médio. Nós sabíamos a posição de muitos pais brancos em políticas que integram crianças negras e mestiças, mas agora alguns pais asiáticos estão usando a retórica racialmente codificada e as posturas geralmente usadas por alguns brancos.

O cuidado do diretor de vigilância da escola do Upper West Side no Distrito 3 no debate é talvez o elemento de surpresa que meu marido e eu buscamos no mundo de nossa filha. Alguém branco que não esteja completamente identificado com a branquitude, mesmo que ainda seja capaz de ser surpreendido pelos seus métodos Jim Crow.

O que é isso que queremos para nossa filha? Talvez a capacidade de negociar com o mundo usando uma imaginação empática. A coisa que trouxe os dois, meu marido e eu, ao ginásio, é o conhecimento de que, embora os sistemas racistas profundamente estabelecidos sejam reafirmados, e a evidência disso esteja por aí para nós vermos, eu ainda quero o mundo para minha filha, que é mais do que este mundo, um mundo que já tenha nossa filha nele.

notas sobre o estado da branquitude

NOTAS sobre o estado da **VIRGÍNIA;**

escritas no ano de 1781, um tanto corrigidas e amplia-
das no inverno de 1782, para o uso de um estrangeiro
distinto, em resposta a certas questões apresentadas
por ele em relação a

1. As fronteiras – – – p. 1
2. Rios – – – – 3
3. Portos marítimos – – – – 27
4. Montanhas – – – 28
5. Cascatas e cavernas – – – 33
6. Produções animais, minerais e vegetais – 41
7. Clima – – – 134
8. População – – 151
9. Força militar – – – 162
10. Marinha – – – 165
11. Aborígenes – – 166
12. Condados e cidades – – – 191
13. Constituição – – 193
14. Leis – – – 235
15. Faculdades, edifícios e estradas – – 275
16. Continuidade dos colonos – 285
17. Religião – – – 287
18. Costumes – – – 298
19. Manufaturas – – – 301
20. Artigos comerciáveis – – – 304
21. Pesos, medidas e dinheiro – – 311
22. Gastos e receitas públicas – – 313
23. Histórias, memoriais e arquivos do governo – 322

MDCCLXXXII.

[118]

Mudar as regras de descendência, para que as terras de qualquer pessoa que morra sem ter feito um testamento sejam divisíveis entre todos os seus filhos ou outros representantes em grau de igualdade.

Tornar os escravos distribuíveis entre os parentes próximos, assim como outros móveis.

[119]

Emancipar todos os escravos nascidos depois da lei aprovada.* O projeto de lei proposto pelos revisores não contém em si essa proposição; mas uma emenda que a contém foi preparada, para ser apresentada à legislatura assim que o projeto de lei for aprovado,

---

* Nos Estados Unidos, a legislação que regulava a escravidão na colônia variava de acordo com os estados. No caso da Virgínia, diversas leis foram aprovadas ao longo do século XVIII, que iam de uma abolição gradual ao controle da população de negros livres vivendo na região. Durante a chamada Revolução Americana (1775-1783), vários estados ofereceram a abolição como alternativa para que escravizados libertos lutassem pela independência dos Estados Unidos, período no qual este documento foi produzido. A proclamação da Emancipação, que determinava o fim da escravidão em todo o país, só foi assinada em 1863.

Provavelmente será feita a pergunta: Por que não reter e incorporar os negros no estado, e assim economizar os gastos com suprimentos, com a importação de colonos brancos, as vagas que eles deixarão? Preconceitos profundamente enraizados acolhidos pelos brancos; dez mil recordações dos negros, das ofensas que eles tiveram que suportar; novas provocações; a distinção real feita pela natureza; e muitas outras circunstâncias nos dividirão em partidos e produzirão convulsões que provavelmente nunca vão acabar a não ser com o extermínio de uma raça ou da outra.

A primeira diferença que nos atinge é a da cor. Se a pretura do negro reside na camada reticular entre a pele e a epiderme, ou na própria epiderme;

se procede da cor do sangue, da cor da bile, ou de alguma outra secreção, a diferença está fixada na natureza, e é tão real como se seu resultado e sua causa fossem bem conhecidos por nós. E essa diferença não tem importância? Ela não é a fundação de uma maior ou menor quantidade de beleza nas duas raças?

O próprio julgamento deles a favor dos brancos, declarado na sua preferência por eles, é tão uniforme quanto a preferência do orangotango pela mulher negra em relação à sua própria espécie. A circunstância de uma beleza superior é considerada digna de atenção na propagação de nossos cavalos, cães e outros animais domésticos; por que não entre aqueles homens?

Talvez também uma diferença na estrutura do aparato pulmonar, que um engenhoso experimentalista* falecido tinha descoberto ser o principal regulador do calor animal, possa tê-los diferenciado da liberação, no ato da inspiração

Eles parecem precisar de menos sono.

Pelo menos eles parecem tão corajosos

---

* Crawford.

[123]

Os sofrimentos deles são passageiros.

Em geral, suas existências aparentam envolver mais sensações do que reflexões. A isso se deve atribuir a sua disposição para dormir quando preocupados com seus desvios, e desocupados de trabalho. Um corpo animal inteiro em repouso, e quem não reflete, deve estar disposto a dormir, é claro.

Me parece que em relação à memória eles são iguais aos brancos; na razão muito inferiores

Seria injusto segui-los até a África para essa investigação. Lá eles se considerarão no mesmo estágio em que os brancos.

[124]

Muitos milhões deles foram trazidos para cá, e nascidos na América.

Muitos têm sido situados de tal modo que podem tirar proveito de conversas de seus mestres

Alguns deles foram educados de forma liberal

Eles desenharão um animal, uma planta, ou um país, como para provar a existência de um germe em suas mentes que só deseja ser cultivado.

[125]

Mas nunca consegui encontrar um negro que articulasse um pensamento acima do nível de uma simples narração; nunca vi um traço sequer de pintura ou escultura. Em geral, eles são mais dotados na música do que os brancos com ouvidos precisos para a melodia e o tempo

A infelicidade é geralmente a mãe dos toques mais comoventes na poesia. — Entre os negros há bastante infelicidade, Deus sabe, mas não há poesia.

não foi capaz de produzir um poeta.

tochas da tiki

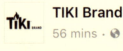

TIKI Brand Products
56 mins ·

A marca TIKI não está associada de forma alguma com os eventos que aconteceram em Charlottesville e estamos profundamente tristes e decepcionados. Nós não apoiamos a mensagem deles ou o uso de nossos produtos desta maneira. Nossos produtos são criados para aprimorar a jardinagem de quintais e ajudar famílias e amigos a se conectarem entre si e nos quintais de suas casas.

6 compartilhamentos

CURTIR   COMENTAR   COMPARTILHAR

 18

Um ano depois de James Alex Fields Jr. ter dirigido o carro intencionalmente de encontro a um grupo que protestava contra manifestações nazistas e ter matado Heather Heyer em Charlottesville, na Virgínia, comento com um amigo branco que embora houvesse uma cruz em chamas no outono antes de chegarmos à universidade em 1981, naquela época eu não percebia como muitos dos atos terroristas supremacistas brancos estavam basicamente relacionados a mim. Minha presença, ainda que eu fosse desconhecida e invisível para seja lá quem pôs fogo naquele ano, estava sendo marcada como um alvo americano. Foi há quase quarenta anos, e meu amigo, sentado diante de mim na mesa de jantar de sua casa, diz que não fazia ideia de que nossa alma mater tinha sido o local de uma cruz queimada. Ninguém tinha mencionado isso.

Esse homem branco e eu temos nos visto de forma esporádica, mas consistentemente ao longo dos anos. Ele vai aos meus eventos, o que considero como um apoio à nossa amizade e aos meus esforços. Eu gosto dele e de sua esposa, e embora nunca tenha feito uma visita em especial a ele, nos encontrarmos é sempre um bônus quando estou nas Twin Cities. Nós encaixamos um jantar aqui e ali, narramos a vida de nossos filhos, ficamos sabendo de amigos em comum um pelo outro. Os anos passam, e nós mantemos o mesmo nível de conforto e familiaridade. Eu gostava dele com dezoito anos e gosto dele na meia-idade, mas me pergunto se não é exagero pensar na lembrança de uma cruz queimando como uma diferença fundamental ou a deficiência de alguma coisa entre nós.

Eu digo, tenho certeza de que isso aconteceu.

Nós dois pegamos nossos telefones.

Uau, ele diz, ao localizar o evento no banco de memória de sua ferramenta de buscas.

Ele parece perplexo ante sua falta de conhecimento. Uau, ele repete. Enquanto o observo, percebo que estou vendo o que a branquitude

Texto *Nossa proximidade na faculdade poderia ser atribuída em parte a um entendimento do que permanece possível dada a nossa história?*

Notas e fontes A fotografia é de uma marcha da Ku Klux Klan de 1925, em Washington. O *Washington Post* fez duas retrospectivas em 1982 e 2018. A Klan aparentemente tentou reproduzir a marcha várias vezes, inclusive em 1982. Poucos detalhes da marcha original: "De acordo com reportagens do *Post*, as maiores delegações estaduais não vieram do Sul, mas de Nova Jersey e da Pensilvânia. O Superintendente interino da polícia Charles A. Evans… estimou que a multidão tinha entre 30 mil e 35 mil pessoas". (Estimativas mais altas foram registradas; veja o texto do *Atlantic* citado abaixo.) "Os integrantes da Klan vieram em mais de dezoito trens especiais… A retórica da parada, de acordo com fotos e relatos noticiosos da época, não era focada principalmente na raça mas no 'Americanismo' e nos temores culturais de um povo que se via em perigo por causa da imigração… O sentimento anticatólico era particularmente alto."

Ver também Joshua Rothman, "When Bigotry Paraded through the Streets" [Quando preconceito desfilou pelas ruas], no *The Atlantic*: "Em 8 de agosto de 1925, mais de 50 mil membros da Ku Klux Klan marcharam por Washington, DC".

faz com a realidade ou, em vez disso, com a memória. A poeta Emily Dickinson rabiscou num envelope: "Mas não são todos os Fatos Sonhos assim que os colocamos atrás de nós". Ninguém que ele encontrou — na administração, entre os professores, amigos, veteranos — achava que uma cruz em chamas valia uma menção, era importante o bastante para ser mencionada, ou se ela foi mencionada, não foi de tal forma que abrisse uma compreensão que ganhasse relevância em sua memória.

Eu comecei a me perguntar quem entre meus amigos brancos sabia da cruz queimada e ainda se lembrava dela como parte da experiência da faculdade e da vida americana. Posso contar numa mão as pessoas da faculdade com quem ainda tenho contato. Decido ligar para uma amiga branca próxima que acho que pode se lembrar do momento, mas com toda sinceridade, minhas expectativas são baixas. Essa amiga continua sendo alguém com quem sempre gosto de conversar. E, estranha e casualmente, quando pergunto a ela sobre a cruz queimando, acabou que foi ela quem fez a denúncia. Ela testemunhou o ato e viu aqueles que o cometeram. Talvez, embora eu não me lembre disso, tenha sido ela quem me contou. Nossa proximidade na faculdade poderia ser atribuída em parte a um entendimento do que permanece possível dada a nossa história? Mesmo que eu tenha me mantido à distância do evento, ele se manteve como parte da paisagem na qual passei meus anos de graduação.

Minha amiga tem a aparência e o pedigree de uma WASP.* Tem um cabelo loiro natural, olhos azuis, e uma família no lado paterno com origens que chegam ao *Mayflower*. Ela sabe disso, eu sei disso, todos nós sabemos disso no instante em que a vemos. Seu mundo é o das escolas preparatórias da Nova Inglaterra, da antiga universidade para cavalheiros que fizemos juntas, e das instituições de pós-graduação

---

* A sigla se refere a White Anglo-Saxon Protestants (protestantes brancos anglo-saxões), termo usado para se referir a pessoas brancas de classe alta, especialmente os descendentes britânicos.

Texto *Eu me pergunto se pessoas brancas não desenvolvem amizades com pessoas de cor, especialmente negras, porque elas não querem ser implicadas ou confrontadas com a violência branca contra os negros. Imagine ir à casa de um amigo negro para jantar e ser servido com um copo cheio de água contaminada com chumbo.*

Checagem dos fatos Talvez.

Notas e fontes Em 2017, uma agência estadual chamada Michigan Commission on Civil Rights concluiu que o racismo sistêmico desempenha um papel-chave nas crises e em seu mau gerenciamento posterior: "O povo de Flint tem sido sujeitado a riscos e dificuldades sem precedentes, muitos deles causados pela discriminação e pelo racismo sistêmico e estrutural que têm corroído nossa cidade, nossas instituições e nossos encanamentos, por gerações".

Um relatório recente na revista *Proceedings of the National Academy of Sciences*, "Inequality in Consumption of Goods and Services Adds to Racial-Ethnic Disparities in Air Pollution Exposure" [Desigualdade no consumo de bens e serviços soma-se a disparidades étnico-raciais na exposição à poluição do ar], descobriu que pessoas negras e hispânicos não brancos respiram desproporcionalmente mais ar poluído do que pessoas brancas não hispânicas: "Negros são mais expostos do que brancos/outros à poluição de todos os grupos emitentes. O mesmo se aplica aos hispânicos, com exceções de Partículas de Matéria ($PM^{2.5}$) originadas da agricultura, das usinas termoelétricas e da combustão de madeira residencial, pois cada um deles está exposto a 11%, 40% e 14% menos, respectivamente, em relação aos brancos/outros. Esses três tipos de emissões estão concentrados em regiões dos Estados Unidos com populações hispânicas relativamente baixas. Brancos/outros consomem mais — e provocam mais exposição — do que negros e hispânicos ao longo de todas as setes categorias de uso-fim" (Christopher W. Tessum et al.).

da Ivy League. Nós temos pouco em comum além de nossa educação, mas ainda assim continuamos próximas.

Ela estava saindo de uma festa da Black Student Union no final de semana do Homecoming* quando encontrou a cruz em chamas. Ela ter visto aquilo não a tornou consciente em relação às pessoas negras, uma vez que já tinha uma vida integrada, mas sem dúvida tornou as conversas entre nós bem menos trabalhosas.

Eu me pergunto se pessoas brancas não desenvolvem amizades com pessoas de cor, especialmente negras, porque elas não querem ser implicadas ou confrontadas com a violência branca contra os negros. Imagine ir à casa de um amigo negro para jantar e ser servido com um copo cheio de água contaminada com chumbo. Estou fantasiando, eu sei (pessoas brancas não precisam pensar nas pessoas negras a maior parte do tempo), mas sigo essa linha de raciocínio, imagino a violência complicando todas as aspirações equivocadas de qualquer coisa pós-racial. Então a pessoa branca tem que negociar o perigo presente e real mesmo quando os outros insistem que os negros só precisam "superar". A proximidade da minha amiga a levou a uma festa predominantemente de estudantes negros e a colocou literalmente cara a cara com o terrorismo branco. Eu me pergunto como ela processou tudo isso.

O que aconteceu? Eu perguntei a ela. E o que você estava pensando?

Em 1980, quando eu era caloura na faculdade, um dos meus melhores amigos, a pessoa com quem dividi o quarto no segundo ano, era um homem negro. Nós íamos a várias festas juntos, e numa noite fomos a uma festa Black Student Union em um dos dormitórios no campus. A festa era aberta a todos, então, como uma mulher branca, eu era bem-vinda. Eu saí da festa

---

* O Homecoming, a "volta ao lar", é o período festivo nas universidades e escolas americanas em que ex-alunos retornam para participar de diversas atividades a fim de celebrar a existência da instituição. Palestras, festas e competições esportivas são alguns dos eventos que envolvem estudantes e ex-alunos.

Texto *Tenho certeza de que isso foi muito mais perturbador para os estudantes negros.*

Notas e fontes A Marcha Unite the Right [União da direita] foi organizada em resposta aos pedidos crescentes de remoção de estátuas confederadas na cidade. Aquela escultura foi instalada na cidade de Charlottesville em 1924 (um ano antes da marcha da Klan em Washington). Em fevereiro de 2016, vereadores votaram pela renomeação do Lee Park e remoção da estátua. Eles foram processados por organizações chamadas Fundo dos Monumentos e Divisão dos Filhos de Confederados Veteranos da Virgínia, entre outras. A manifestação Unite the Right foi realizada em protesto contra o plano de retirada da estátua em 12 de agosto de 2017.

cedo, e enquanto saía do prédio entrando na escuridão de uma área do gramado perto de um arvoredo, vi dois homens com túnicas brancas correndo na direção das árvores. Eles atearam fogo em alguma coisa e uma cruz que tinha sido erguida naquela tarde ardeu em chamas enquanto eles saíam correndo. Aconteceu muito rápido. Imagino que eu poderia ter ido atrás deles, mas corri de volta para dentro, para onde outros amigos estavam dançando e comecei a gritar para todo mundo ir ver. Todo mundo correu para as janelas ou lá para fora. Alguém chamou a segurança, e eu realmente não me lembro se nós esperamos pela segurança para apagar o fogo ou se alguém da festa fez isso. Foi um choque. Como era possível que alguém que vivia na nossa comunidade estivesse disposto a cometer um ato ofensivo e nojento como esse? Como um grupo podia se juntar e fazer isso?

Como testemunha principal, passei um tempo com a segurança descrevendo o que vi. Uns dias depois, pediram que eu fosse até a administração do prédio, onde me sentei com alguns dos administradores do alto escalão que mostraram uma série de fotos e me perguntaram se os responsáveis estavam entre os suspeitos. Estava escuro, eu estava longe, eles estavam cobertos por lençóis. Não havia como eu identificar os homens que fizeram aquilo. Pediram que eu fosse ao escritório mais uma vez e olhasse outra série de fotos de suspeitos. Mais uma vez, eu não tinha visto nenhum rosto bem o bastante para identificar as pessoas.

Eu tinha dezoito anos. Sou branca. Mas ainda assim compreendi o quanto é ofensivo e doloroso ter pessoas acendendo uma cruz perto de uma festa da Black Student Union. Tenho certeza de que isso foi muito mais perturbador para os estudantes negros. Eu poderia seguir em frente, mas não sei como os outros alunos se sentiam depois daquilo. Meu amigo parecia calmo. É só um grupinho de imbecis.

As perguntas que eu tenho me feito desde então:

Em vez de correr de volta para festa para mostrar a cruz em chamas no gramado, eu deveria ter corrido na direção dela e tentado apagar o fogo, neutralizando o impacto? Os incendiários estavam tentando ofender as

Texto *Essa ideia de que o racismo é apenas uma dinâmica de juventude e ignorância parece uma forma típica de otimismo americano.*

Notas e fontes O perfil que Rachel Kaadzi Ghansah fez de Dylann Roof para a *GQ* descreve sua comunidade online: "Eles são jovens, eles são brancos e com frequência se gabam de seus arsenais de armas, porque são essas armas que irão salvá-los diante da chegada de uma guerra racial. Eles estão armados até os dentes, e quase sempre têm uma formação educacional dolorosamente incompleta ou receberam alguma educação, mas são extremamente inadequados socialmente. Isto é, até o dia em que seus olhos se abriram para o fato de que, dentro do mundo da supremacia branca, eles poderiam encontrar amigos".

pessoas que estavam na festa da BSU. Se ninguém visse a cruz, seus planos e esforços seriam desperdiçados. Mas era importante que as pessoas a vissem? Eu poderia ter apenas contado paras as pessoas, e eles teriam a evidência no gramado — uma cruz queimada derrubada no chão? Eu não sei se isso teria sido melhor.

Eu deveria ter seguido os caras para ter uma visão melhor de quem eram eles? Acho que fiquei um pouco congelada com o choque, mas talvez eu tivesse podido dar uma olhada melhor neles, identificá-los e forçá-los a deixar a comunidade e a instituição.

Como esses caras encontram uns aos outros? Um deles usa a palavra com N num evento em que todos são brancos e observa quem ri e quem vira a cara? Então eles passam seu tempo planejando um ato cujo único objetivo é ofender profundamente outros alunos? E talvez eu estivesse numa sala de aula com um desses caras no dia seguinte. E agora mesmo, eles estão por aí, fazendo coisas com seus filhos, indo trabalhar. Eles olham para trás com arrependimento por terem feito aquilo, agora que são mais velhos e mais sábios, ou ainda se comprazem com aquele gesto racista? Estarão eles torcendo pelo movimento nacionalista branco?

Na semana seguinte houve uma marcha no campus contra a cruz queimada. Eu realmente acho que a administração estava muito perturbada e lidou bem com a questão. Mas ainda havia estudantes no campus que tinham gastado tempo e esforço para planejar queimar uma cruz.

Enquanto leio a resposta de minha amiga, me pergunto se ela realmente se questiona se os perpetradores "olham para trás com arrependimento". Essa ideia de que o racismo é apenas uma dinâmica de juventude e ignorância parece uma forma típica de otimismo americano. Ela se pergunta se eles estão "torcendo pelo movimento nacionalista branco" em vez de se perguntar se eles são nacionalistas brancos.

Estou surpresa com as minhas reações melancólicas a esses seus últimos pensamentos. Essa indisposição de saber como um racismo

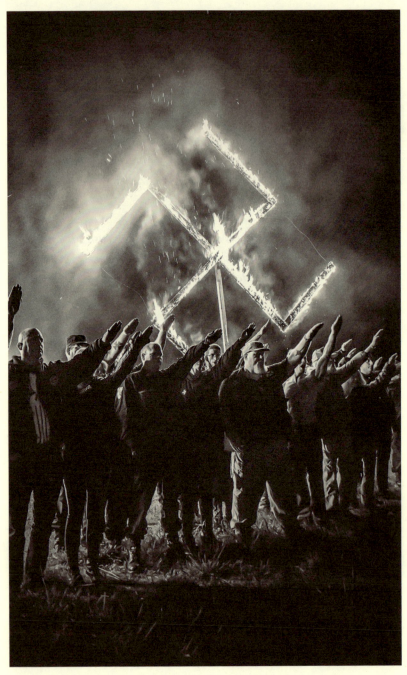

Comício do Movimento Nacional-Socialista, Newman, Geórgia, 2018.

profundamente arraigado e sentido intensamente permanece é estranhamente desanimadora e, de longe, alarmante. Até aqui. Até ela. Eu não quero que esses sentimentos se intrometam numa amizade que aprecio. Até aqui. Até ela.

Então eu me lembro de Homi Bhabha em *O local da cultura*, num diálogo com Toni Morrison: "Relembrar nunca é um ato tranquilo de introspecção ou retrospecção. É um doloroso re-lembrar, uma reagregação do passado desmembrado para compreender o trauma do presente".* Sua indisposição de considerar que aqueles queimadores de cruz são os nacionalistas brancos do presente é uma forma de não ver o "trauma do presente" como um continuum do passado até o futuro. De acordo com os relatórios policiais do episódio da cruz queimada, ex-alunos eram os principais suspeitos. O que eles estarão fazendo agora? Será que agora fazem parte do Judiciário?

Minha amiga não está sozinha em sua disposição de dar o benefício da dúvida para o homem branco. A investigação do FBI sobre o evento na faculdade concluiu que a cruz queimada provavelmente tinha sido uma brincadeira, de acordo com o que a imprensa noticiou na época. De qualquer maneira, seja lá quem queimou a cruz e quem foi inspirado por aqueles que queimaram a cruz, eles continuaram a assediar os estudantes ligados à Black Student Union por semanas depois do ocorrido. De acordo como os registros policiais, houve queixas de ameaças registradas por alguém que provavelmente estava dentro da comunidade universitária (uma vez que alunos negros específicos eram escolhidos como alvos, assim como o presidente branco, que era visto como quem trouxe os negros para lá. Um estudante recebeu uma carta que dizia: "Vocês malditos macacos imundos fedidos da pele preta não têm lugar numa sociedade humana

---

* Homi K. Bhabha, "Interrogando a identidade". In: *O local da cultura*. Trad. de Myriam Ávila, Eliana Lourenço de Lima Reis e Gláucia Renate Gonçalves. Disponível em: <https://www.ufrgs.br/cdrom/bhabha/bhabha.pdf>. Acesso em: 4 maio 2021.

Texto *Embora todos nós devêssemos nos horrorizar com a fala de Clinton porque, com ou sem intenção, parecia "sem chances", ela não foi antiamericana por apontar a possibilidade. Pessoas negras mortas, assassinadas, encarceradas e abandonadas são uma perda aceitável para muitos americanos brancos.*

Notas e fontes *White Fragility* [Fragilidade branca], de Robin DiAngelo: "Fui criada numa sociedade que me ensinou que não havia perda na ausência de pessoas de cor — que a ausência delas era uma coisa boa e desejável a ser buscada e mantida — enquanto simultaneamente negava esse fato. Essa atitude moldou todos os aspectos da minha identidade; meus interesses e investimentos, com o que me importo e com o que não me importo, o que vejo e o que não vejo, pelo que sou atraída e o que me causa repulsa, o que considero garantido, aonde vou, como os outros reagem a mim, e o que posso ignorar".

James Baldwin em *The Price of the Ticket* [O preço do ingresso]: "Uma multidão não é autônoma: ela executa os desejos reais das pessoas que governam o Estado... A ideia de pessoas negras como propriedade, por exemplo, não vem da multidão. Não é uma ideia espontânea. Ela não vem do povo, que sabe muito bem... essa ideia vem dos arquitetos do Estado americano. Esses arquitetos decidiram que o conceito de propriedade era mais importante — mais real — que as possibilidades do ser humano".

branca. Vocês, seus animais de cor de merda, acabarão sendo descartados. Para ser bem claro — eliminados".

A pergunta sobre o que fazer com essas realidades, quando muitas pessoas negras, formadas por essa e outras universidades com ocorrências similares, seguem em frente e alcançam vidas bem-sucedidas, às vezes com riqueza econômica, continua um tipo de oximoro. Compreender o que é possível para brancos liberais significa compreender que as conquistas pessoais dos negros não contradizem os ataques contínuos do terrorismo branco. Quando Hillary Clinton se recusou a desistir das primárias do partido Democrata, apesar de não haver caminho aparente para avançar, porque, como ela disse "todos nós nos lembramos de que Bobby Kennedy foi assassinado em junho [1968] na Califórnia", ela na verdade estava apontando para uma realidade não dita de que as realizações do presidente Obama o protegiam do terrorismo branco. Embora todos nós devêssemos nos horrorizar com a fala de Clinton porque, com ou sem intenção, parecia "sem chances", ela não foi antiamericana por apontar a possibilidade. Pessoas negras mortas, assassinadas, encarceradas e abandonadas são uma perda aceitável para muitos americanos brancos. E embora mais negros sejam mortos em crimes comuns, os mortos ou aprisionados pelos brancos muitas vezes parecem se tornar alvos simplesmente por causa da cor da sua pele, pois, com frequência, os resultados dessas interações em geral resultam em qualquer coisa, desde sentenças rígidas até a morte. A indiferença é impenetrável e confiável e distribuída ao longo de séculos, e fico estupidamente magoada quando meus amigos não conseguem ver isso. Talvez essa seja minha fragilidade não branca.

estudo sobre privilégio do homem branco

Texto *A estatística que leva à enunciação da expressão "privilégio do homem branco" observava o percentual de probabilidade de pessoas transgênero serem vítimas de violência policial.*

Notas e fontes Um estudo de 2011 feito pelo Centro Nacional pela Igualdade Transgênero e a Força Tarefa Nacional de Gays e Lésbicas demonstrou: "Mais de um quinto das pessoas transgênero (22%) que tiveram interações com a polícia relataram assédio policial, e 6% dos indivíduos transgêneros registraram que sofreram agressões motivadas pelo preconceito por parte dos policiais. Pessoas negras transgênero relataram índices muito mais altos de assédio preconceituoso (38%) e agressões (15%)".

Estou tentando entender por que dizer a um homem branco que ele foi beneficiado pelo "privilégio do homem branco" soa ofensivo para ele. Vejo mais uma vez o vídeo do seminário de treinamento em que policiais estão discutindo o tratamento de pessoas transgênero. O debate é levantado por um representante do Departamento de Justiça. A estatística que leva à enunciação da expressão "privilégio do homem branco" observava o percentual de probabilidade de pessoas transgênero serem vítimas de violência policial.

TRANSCRIÇÃO

PLAINFIELD. INDIANA, CAPITÃO DA POLÍCIA SCOTT ARNDT (respondendo a estatísticas de violência contra pessoas trans apresentadas pelo instrutor): Isso nem é exato, porque se você não pode ter uma base de onde vêm os números ou qual é a situação que os coloca nesta situação — quer dizer, eles têm mais probabilidade de estarem nesta situação do que alguém que não é transgênero?

INSTRUTOR: Sim.

CAP. SCOTT ARNDT (interrompendo): O que eu não sei é o que é isso — só estou dizendo que nunca tomei parte de violência policial na minha vida. A maioria das pessoas que eu conheço nunca foi... acusada de violência policial. Então eu acho que não entendo de onde vêm essas estatísticas.

CAPITÃ DA POLÍCIA DE PLAINFIELD CARRI WEBER (do público, fora do enquadramento): Por causa do seu privilégio do homem branco, você não entende.

CAP. SCOTT ARNDT: Perdão?

CAP. WEBER: Seu privilégio do homem branco.

Departamento de Polícia, Plainfield, Indiana.

INSTRUTOR: Vamos nos acalmar um pouco.

FACILITADOR: Vamos continuar com segurança e profissionalismo. Este é o meu [ele é interrompido aqui e então continua] papel e eu não quero focar nas estatísticas, porque francamente...

CAP. SCOTT ARNDT (interrompendo): Chefe, você vai deixar [incompreensível] por isso mesmo? Sério? Estou fazendo uma pergunta legítima aqui e estou sendo [incompreensível] de privilégio branco? Você está levando isso a sério? [gritando] Eu acho isso extremamente ofensivo.

[Há uma troca de interações adicional entre esses dois comentários.]

FACILITADOR: Não estamos falando de privilégio do homem branco aqui. Estamos tentando nos concentrar num grupo demográfico diferente. Vou manter o profissionalismo, e eu me desculpo se alguém foi ofendido.

FIM DA TRANSCRIÇÃO

RESULTADOS

No vídeo de Scott Arndt, no momento do incidente, Arndt diz que considerou a expressão "privilégio do homem branco" como "extremamente ofensivo". Na queixa que registrou, ele afirma que "sofreu uma injúria por sua raça e gênero". A capitã de polícia branca que usou a expressão foi colocada em licença administrativa. No fim das contas, uma sessão executiva fechada enviou a ela uma carta de reprimenda e a reconduziu ao cargo.

Quando o policial branco ouve a expressão "privilégio do homem branco" usada para descrevê-lo, ele demonstra sua raiva de homem branco. Ele foi punido com dois dias de suspensão não remunerada.

Embora a raiva seja questionada, ninguém a associa explicitamente ao privilégio do homem branco, por isso a carta de reprimenda a Weber. Certamente Arndt deve se entender como homem e branco, então talvez seja o substantivo "privilégio" que o enfurece? Mas uma "injúria racial" significa que você se refere à brancura dele de forma ofensiva. A associação da brancura com o privilégio, portanto, deve ofender.

Ele sabe que privilégio, uma palavra usada pela primeira vez no século XII, se referia a uma "proposta de lei a favor ou contra um indivíduo"? Que as leis que o favorecem enquanto homem branco devem permanecer um saber desconhecido. Ele não consegue suportar saber disso e saber que ele acomoda e torna visível tudo aquilo que lhe tem sido redirecionado. Não consegue suportar o fardo do que foi tomado para ser dado a ele. Não é capaz de se reconhecer como o espaço corporificado do privilégio, mesmo quando ele se torna a sua evidência. Ele não se reconhecerá como o favorecido, ainda que destrua os outros com a intenção de não saber. E ainda que a vida de uma pessoa após a outra dependa dele, espere por ele, tenha a esperança de que ele saiba o que não pode — ou não vai? — saber.

alto

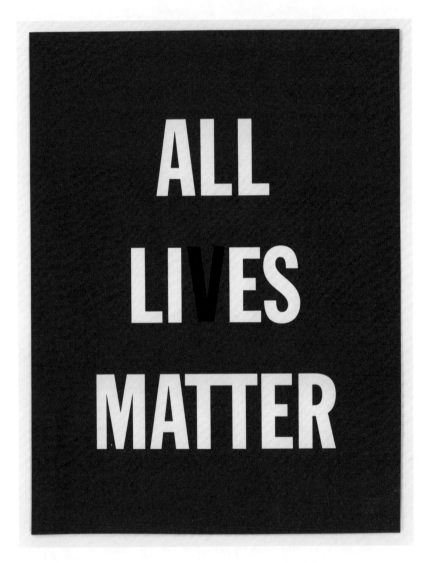

* Há um jogo de palavras entre "Lives" e "Lies" que não pode ser reproduzido em português. Com a omissão de uma consoante "All Lives Matter" [Todas as vidas importam] torna-se "All Lies Matter" [Todas as mentiras importam].

No meio do caminho para pegar meu casaco, sou interrompida no corredor da casa de alguém quando um homem se aproxima para me dizer que ele acha que seu maior privilégio é sua altura. Há uma política em torno de quem é o mais alto, e agora ele está bloqueando passivamente a passagem, então sim. Mas seu principal privilégio não é esse. Previsivelmente, digo: Eu acho que sua brancura é seu maior privilégio. Diante disso, ele dá uma guinada e relata que, diferente de outros brancos que lhe confessaram que têm medo de pessoas negras, ele se sente confortável entre os negros porque jogou basquete. Ele não diz que jogou com homens negros porque isso está implícito. Sem nenhuma boa razão, exceto talvez dentro dessa lógica estúpida de que, se você gosta tanto de uma coisa, você também poderia se casar com ela, pergunto a ele: Você é casado com uma mulher negra? O quê? Ele diz não, ela é judia. Depois de uma pausa, acrescenta: Ela é branca. Eu não pergunto a ele sobre seus amigos mais íntimos, seus colegas, seus vizinhos, as esposas de seus amigos, suas instituições, nossas instituições, racismo estrutural, racismo armado, racismo ignorante, racismo internalizado, preconceito inconsciente — eu apenas decidi, uma vez que nada continua a acontecer, nada de novas interações sociais, nada de novos comentários de mim para ele, nós dois em nossas fantasias padrão, apenas decidi parar de inclinar a minha cabeça para olhar para cima. Mais uma vez alcancei o fim da espera. O que foi que a teórica Saidiya Hartman disse? "Educar pessoas brancas sobre o racismo falhou." Ou era que "corredores são zonas liminares onde nós não deveríamos deixar de ver o que é possível". De qualquer jeito, ainda assim, em todo o meu caminho para casa, a imagem do homem alto está na minha cabeça, inevitável. E então a citação de Hartman que eu procurava chega: "Uma das coisas que penso ser verdadeira, que é uma forma de pensar na sobrevida da escravidão, considerando como habitamos o tempo histórico, é a sensação de entrelaçamento temporal, em que o passado, o presente e o futuro não são discretos e separados uns dos outros, mas, em vez disso, vivemos a simultaneidade desse entrelaçamento. Isso é quase senso comum para pessoas negras. Como alguém narra isso?". A pergunta dela é a bola girando no aro.

contrato social

Texto *Minha crença é de que o racismo antinegro e antilatinx contido nos termos "Obamacare" e "imigração" e "o muro" foi a poderosa engrenagem...*

Notas e fontes Uma pesquisa importante que apoia o argumento de que a raça foi um fator determinante nas eleições é *Identity Crisis: The 2016 Presidential Campaign and the Battle for the Meaning of America* [Crise de identidade: A campanha eleitoral presidencial de 2016 e a batalha pelo significado da América], de John Sides, Michael Tesler e Lynn Vavreck: "Outro elemento possivelmente até mais importante do que o contexto são os atores políticos. Eles ajudaram a articular o conteúdo de uma identidade grupal, ou o que significa ser parte de um grupo. Atores políticos também se identificam, e às vezes exageram ou até inventam, ameaças a um grupo. Atores políticos podem então criar grupos de identidades e atitudes mais destacados e elevá-los como um critério para a tomada de decisão".

Texto *... o próprio presidente que se refere a si mesmo como um nacionalista.*

Notas e fontes "Trump Says He's a 'Nationalist' [Trump diz que é um nacionalista]", por Neeti Upadhye:
<www.nytimes.com/video/us/politics/100000006175744/trump-nationalist.html>.

Notas No *USA Today*, "'I'm a Nationalist': Trump's Embrace of Controversial Label Sparks Uproar" [Sou um nacionalista: Trump abraça rótulo controverso e provoca tumulto]: "Você sabe, eles têm uma palavra — do tipo que se tornou antiquada — que é nacionalista. E eu digo, ah é mesmo, nós não deveríamos usar essa palavra. Você sabe o que eu sou? Sou um nacionalista, o.k.? Sou um nacionalista. Nacionalista. Nada de errado. Use essa palavra. Use essa palavra".

Texto *Os "muitos fatores" genéricos e não racializados são a maré retórica contra a qual eu nado, como se George Wallace não tivesse atribuído seu sucesso político à articulação de uma retórica racista.*

Checagem dos fatos Sim. Wallace atribuiu seu crescimento político à retórica racista, mas não especificamente a seus quatro mandatos como governador do Alabama. Veja abaixo.

Notas e fontes Na biografia de George Wallace, *The Politics of Rage* [A política da raiva], de Dan T. Carter: "Wallace deu de ombros. 'Eu comecei falando de escolas e estradas e prisões e impostos — e não conseguia fazê-los me ouvir', ele disse a Louis Eckl, editor do *Florence Times*. 'Então eu comecei a falar sobre os crioulos — e eles começaram a bater os pés com força no chão'".

Estou num jantar onde os "porquês e portantos" da eleição de 2016 vieram à baila, porque eles vêm, e um dos convidados, por acaso, está escrevendo um livro. Na descrição do livro, o papel do racismo mal é mencionado. Pera aí. Minha crença é de que o racismo antinegro e antilatinx contido nos termos "Obamacare" e "imigração" e "o muro" foi a poderosa engrenagem que levou nosso atual presidente ao poder, o próprio presidente que se refere a si mesmo como um nacionalista. Os "muitos fatores" genéricos e não racializados são a maré retórica contra a qual eu nado, como se George Wallace não tivesse atribuído seu sucesso político à articulação de uma retórica racista. Embora ele tenha declarado ter sentimentos neutros em relação a pessoas negras, Wallace prosseguiu com "segregação agora, segregação amanhã, segregação para sempre" e prometeu proteger as terras anglo-saxãs do Sul. O que mudou exatamente?

Não havia jeito de prever que democratas brancos que tinham votado em Obama para presidente votariam por um regime fascista em estados-chave, é a réplica persistente. Nosso especialista local acrescentou que ele não tinha bola de cristal, como se pessoas negras desarmadas e assassinadas não estivessem caídas pelas nossas ruas americanas ou como se pessoas brancas não chamassem a polícia pela presença de pessoas negras, sem motivo, sabendo muito bem de todas as formas como isso pode dar errado e terminar com a perda de uma vida. Como se nosso 45º presidente, antes de sua campanha oficial, não tivesse falado abertamente que os eleitores haviam sido ludibriados por um presidente que não tinha nascido nos Estados Unidos.

Minha insistência obstinada significava que eu estava navegando mais e mais perto do estereótipo da mulher negra raivosa. Eu não estava completamente certa — havia os russos, o Colégio Eleitoral e a misoginia —, mas eu precisava que essas pessoas entendessem que eu preferiria estar errada, que me juntaria a elas alegremente na percepção de um mundo imprevisível se eu pudesse. Talvez.

Texto *É mais difícil do que você pensa, porque as pessoas brancas não querem realmente mudar se isso significa que elas precisam pensar diferente do que pensam sobre quem são.*

Checagem dos fatos Sim, mas apenas para destacar — pode haver exemplos contrários.

Notas e fontes O trabalho de Ashley Jardina pode ser interessante: "Quando o status dominante dos brancos em relação às minorias étnicas e raciais está seguro e não é desafiado, a identidade branca provavelmente se mantém dormente. No entanto, quando os brancos percebem que seu status de grupo dominante está injustamente em desvantagem, sua identidade racial se torna proeminente e politicamente relevante".

Em *Self-Presentation in Interracial Settings: The Competence Downshift by White Liberals* [A autoapresentação em ambientes inter-raciais: A redução da competência dos brancos progressistas], de Cydney Dupree e Susan T. Fiske: "Brancos progressistas apresentam menos competência para minorias do que para outros brancos — isto é, eles são condescendentes com minorias estereotipadas como de status inferior e menos competentes... Isso possivelmente não é intencional, mas no fim das contas a redução de competência condescendente sugere que progressistas brancos bem-intencionados possam recorrer a estereótipos de status/competência inferiores para se relacionar com minorias".

Eu aprendi cedo que estar certa é mais fraco do que estar presente. Todos os tipos de coisas acontecem enquanto a noite avança. Mas às vezes sou enredada pela ideia de que a repetição acontece se as rodas continuarem girando. A repetição é insistência, e só se pode conspirar até certo ponto. Às vezes eu só quero me jogar nas engrenagens. Às vezes, como disse James Baldwin, quero mudar uma palavra ou uma única frase. É mais difícil do que você pensa, porque as pessoas brancas não querem realmente mudar se isso significa que elas precisam pensar diferente do que pensam sobre quem são. Nós temos um precedente com Eartha Kitt, que, depois de confrontar Lady Bird e Lyndon Johnson sobre o Vietnã durante um almoço na Casa Branca, foi posta na lista negra. Todos democratas. A branquitude quer o tipo de progresso que reflete o que ela valoriza, um reflexo de si mesma. A supressão de voto está ligada ao racismo; questões de imigração e Ação Postergada para a Chegada de Crianças (Deferred Action for Childhood Arrivals — DACA) são influenciadas pelo racismo. Estou dizendo isso e aquilo, como se repentinamente eu me tornasse inconveniente, uma mão branca metafórica se estende para me empurrar de volta para perto da perigosa margem da mulheridade negra raivosa.

Uma mulher branca efetivamente acaba com a conversa sobre as táticas de campanha do 45º presidente ao voltar nossos olhares em direção à bandeja de sobremesa. Que linda, ela diz. Brownies feitos em casa numa bandeja de prata? O gesto dela é aquele gesto estapafúrdio que tenho visto ser repetido ostensivamente por mulheres brancas em filmes antigos — mulheres que são dominadas por objetos brilhantes. É um desvio tão flagrante que não consigo evitar fazer a pergunta mais óbvia em voz alta: Estou sendo silenciada?

Estou consciente de que minha pergunta quebra as regras da interação social. Estou consciente de que eu nunca serei convidada a voltar a esta casa, a retornar ao círculo dessas pessoas brancas. Entendo que fazer alguém sentir vergonha inadvertidamente não é legal. Mas: Estou sendo silenciada?

Texto *Enquanto estou sentada ali ouvindo aquelas pessoas brancas debaterem isso, percebo que a história de fazerem experimentos com pessoas negras não tem lugar em sua memória referencial.*

Notas e fontes *Medical Apartheid: The Dark History of Medical Experimentation on Black Americans from Colonial Times to the Present* [Apartheid médico: A história obscura da experimentação médica em negros americanos dos tempos coloniais até o presente], de Harriet A. Washington: "O Office for Protection from Research Risks [Escritório de proteção de riscos de pesquisa] tem investigado diligentemente abusos em mais de sessenta centros de pesquisa, incluindo mortes relacionadas a experiências em universidades importantes, de Columbia a Califórnia. Outro subconjunto importante de abuso de cobaias humanas tem sido a fraude científica, na qual cientistas da Universidade da Carolina do Sul ao MIT também foram descobertos mentindo por meio de dados falsificados ou objetivos de pesquisa fictícios, frequentemente a serviços de pesquisas que abusavam de americanos negros. Nos últimos anos, o OPPR também suspendeu pesquisas em universidades de prestígio como Alabama, Pensilvânia, Duke, Yale e até na John Hopkins".

"Myths about Physical Racial Differences Were Used to Justify Slavery — and Are Still Believed by Doctors Today" [Mitos sobre a diferença física racial foram usados para justificar a escravidão — e médicos acreditam neles até hoje], de Linda Villarosa, no The 1619 Project, da *The New York Times Magazine*: "Ao longo dos séculos, os dois mitos fisiológicos mais persistentes — que pessoas negras eram insensíveis à dor e tinham pulmões fracos que poderiam ser estimulados pelo trabalho braçal — consolidaram seu caminho como consenso científico, e permanecem enraizados até os dias de hoje na educação e na prática da medicina. No manual *A Treatise on Tropical Diseases; and on The Climate of the West-Indies* [Um tratado sobre doenças tropicais; e o clima das Índias Ocidentais], de 1787, um médico britânico, Benjamin Moseley, afirmou que pessoas negras podiam suportar operações cirúrgicas muito mais do que pessoas brancas, observando que 'aquilo que causaria uma dor insuportável em um homem branco, um negro quase desconsideraria'. Para sustentar seu ponto, ele acrescenta, 'eu amputei as pernas de muitos negros que seguraram a parte superior de seus membros sozinhos'".

160

Eu queria que essa mulher branca me olhasse nos olhos e dissesse: Sim. Sim, você está. Eu queria que ela assumisse seu ato e não se acovardasse. Então eu até gostaria dela. Em vez disso, todos nós ao redor da mesa tivemos que assisti-la se encolher em sua cadeira enquanto olhava para baixo, para suas mãos, como se eu tivesse me rejeitado a apertá-las. A solidariedade branca precisa ser restabelecida. Então é aí que entendo que perdi o jogo no minuto em que pisei numa casa onde eu era a única pessoa negra.

A mulher e eu poderíamos ter começado a conversar, em vez de uma de nós usar a linguagem para apagar o momento. Ela não vê que, mesmo sendo uma mulher branca, ela continua sujeita ao poder arbitrário do nosso poder executivo? Não deveríamos esclarecer como chegamos até aqui? Ou as alianças estão definidas? Ela vê a minha insistência como sua forma de apagamento particular, ou a cortesia branca está simplesmente sendo posta para trabalhar a fim de manter a ficção de uma benevolência branca e da estupidez negra?

Enquanto me pergunto se é hora de ir embora, para restaurar meu equilíbrio e o do jantar, um outro alguém muda o rumo da conversa, consciente ou inconscientemente, para longe dos brownies, para um jeito mais suave de falar sobre raça. Raça e filhos. A questão agora é se um centro de estudos para crianças deveria apagar a palavra "estudo" de seu nome. A instituição está localizada numa cidade com uma população negra considerável. O sentimento dominante no entorno da mesa sugere que a preocupação com o nome é frívola — afinal, o centro está ligado a uma instituição acadêmica, onde tudo é feito em nome do estudo e da pesquisa.

Enquanto estou sentada ali ouvindo aquelas pessoas brancas debaterem isso, percebo que a história de fazerem experimentos com pessoas negras não tem lugar na sua memória referencial. Ninguém menciona as experiências com sífilis em homens negros de

Texto *… os experimentos militares com gás mostarda em soldados negros, entre outros não brancos…*

Checagem dos fatos Sim. O Exército conduziu experiências com gás mostarda em soldados negros, brancos e racializados não brancos. Veja abaixo.

Notas e fontes "Secret World War II Chemical Experiments Tested Troops by Race" [Os experimentos secretos na Segunda Guerra Mundial testavam as tropas de acordo com a raça], de Caitlin Dickerson no programa *Morning Edition* da NPR: "Homens brancos alistados eram usados como grupo de controle científico. As reações deles eram usadas para estabelecer o que era 'normal', e então comparada com as tropas de minorias".

Texto Em *Sexism: A Problem with a Name*, Sara Ahmed afirma…

Notas e fontes Sara Ahmed também aborda impressões na introdução de *The Cultural Politics of Emotion*: "Formar uma impressão pode envolver atos de percepção e cognição, assim como uma emoção. Mas formar uma impressão também depende de como os objetos se imprimem em nós. Uma impressão pode ser um efeito dos sentimentos do sujeito ('ela causou uma impressão'). Pode ser uma crença ('ter uma impressão'). Pode ser uma imitação ou uma imagem ('criar uma impressão'). Pode ser uma marca na superfície ('deixar uma impressão'). Precisamos lembrar da 'prensa' em impressão. Isso nos permite associar a experiência de ter uma emoção com exato afeto na superfície de um sobre o outro, um afeto que deixa sua marca ou traço. Não apenas eu tenho uma impressão dos outros, mas eles também me deixam com uma impressão; eles me impressionam, e imprimem em mim".

Tuskegee, os experimentos militares com gás mostarda em soldados negros, entre outros não brancos, ou as experiências de J. Marion Sims com mulheres negras. Ninguém menciona Henrietta Lacks. Minha memória histórica começa a me jogar exemplos como se ela estivesse em seu próprio jantar. No jantar real, ninguém imagina o que os pais das crianças negras pensam quando veem a palavra "estudo" associada ao centro.

Sabendo que meu silêncio na sala é ativo, fico em silêncio porque quero expressar um ponto com esse silêncio. Entre pessoas brancas, as pessoas negras têm permissão para falar de suas vidas precárias, mas não podem implicar sua companhia presente naquela precariedade. Elas não têm permissão para apontar suas causas. Em *Sexism: A Problem with a Name* [Sexismo: Um problema com um nome], Sara Ahmed afirma: "Se você nomeia o problema, você se torna o problema". Criar desconforto ao apontar os fatos é visto como socialmente inaceitável. Vamos passar por cima de nós mesmos, é estrutural, não pessoal, eu quero gritar para todos, inclusive para mim.

Mas todas as estruturas e todo o planejamento de diversidade instaurados para alterar aquelas estruturas, e todos os desejos dos brancos de assimilar os negros em suas vidas cotidianas, vêm com a indignação contínua diante da raiva. Toda indignação percebida em relação a mim, a convidada que traz tudo de si para o jantar, tudo — seu corpo, sua história, seus medos, seus temores furiosos, suas expectativas — é, no fim, pessoal demais. As ansiedades mútuas e as raivas irrompem invisíveis na sala. Um vento. Tempestuosa, turbulenta, cheia de rajadas, com nuvens pesadas: encontre um nível de desconforto. Eu pego meu brownie e o coloco no meu prato. Estou na meia-idade e com sobrepeso. Eu não deveria comer isso. Não deveria comer coisa nenhuma. Nada.

Momentos como esse me fazem entender que a incompreensão do que é conhecido por parte da branquitude é um investimento ativo em não querer saber se isso envolve considerar a vida das pessoas

não brancas. E a insistência percebida como irritante quando alguém apresenta seu conhecimento a respeito da negritude poder ser um exercício infrutífero e infantil. Eu acredito que qualquer uma dessas posturas é o suficiente para mudar o meu jeito? Pode muito bem impedir que o tempo vire.

Se a mulher que admirou a bandeja de sobremesa, numa tentativa de mudar o rumo da conversa, me dissesse: Aqui está o seu casaco. Qual é a pressa? Então isso me faria rir — os cantos dos meus lábios teriam se erguido e minhas bochechas formariam pés de galinha em torno dos meus olhos. Eu teria sorrido com os olhos em admiração à sua franqueza — vá embora — em vez de servirem mudança de assunto e falsa polidez.

violento

Texto *Pensando no que se passa na imaginação do menino asiático que também frequenta um jardim da infância diverso, decido que uma possibilidade pode ser ele ter lido* Cachinhos Dourados e os três ursos *tantas vezes que sua memória visual foi atacada.*

Notas e fontes Resposta a um pedido de autorização para o uso de uma ilustração de uma imagem tradicional de *Cachinhos Dourados e os três ursos*.

Oi, xxxx,
Agradecemos por você ter enviado o texto que você queria que fosse acompanhado pela ilustração de *Cachinhos Dourados e os três ursos* de xxxxxx. Nós apreciamos poder ler o ensaio e o achamos muito interessante. No entanto, decidimos que preferiríamos não ter essa ilustração acompanhando este artigo.

Desejamos boa sorte para encontrar um ilustrador que queira ter sua imagem usada dessa forma — talvez seja mais fácil encontrar uma imagem disponível em domínio público.

Atenciosamente,
xxxx e xxxxxxx

Uma amiga branca, ciente de que estou escrevendo sobre percepções da branquitude, me liga para contar uma interação que acabou de ter com seu filho. Eu tinha lhe perguntado em ocasiões anteriores sobre como se fala de branquitude em sua família, na casa dela, no mundo dela. Ela é branca, seu marido é branco, seu filho é branco. Nesse dia, o filho dela voltou da escola chateado. Um menino asiático disse que ele "arruinou" o desenho de *Cachinhos Dourados e os três ursos* ao pintar Cachinhos Dourados com a pele marrom. O filho dela sabe que também há pessoas em seu mundo com a pele marrom. Minha amiga garante ao filho que ele não precisa se preocupar.

Uma coisa na qual eu penso desde que conversamos é sobre o jardim da infância dele. Nós o colocamos lá quando ele tinha três anos e queríamos que ele tivesse uma sala de aula diversa. Então a professora que deu aula para ele por quase dois anos era do Leste da Ásia e a turma era diversa. O diretor da escola também era negro. Não sei se isso teve algum impacto sobre o motivo de ele pintar a Cachinhos Dourados de marrom, mas acho que isso impactou a reação dele ao comentário do colega de que ele a arruinou. Meu filho ficou magoado e confuso. Acho que pintou Cachinhos Dourados de marrom porque vê isso como uma opção artística, um jeito de representar o mundo. No Natal deste ano quando lhe deram a opção de pintar seu Papai Noel de cerâmica, ele decidiu pintá-lo negro. Não perguntei o porquê.

Pensando no que se passa na imaginação do menino asiático que também frequenta um jardim da infância diverso, decido que uma possibilidade pode ser ele ter lido *Cachinhos Dourados e os três ursos* tantas vezes que sua memória visual foi atacada. O giz de cera marrom representava Cachinhos Dourados diferente da representação normal, apesar da atenção do filho da minha amiga aos cabelos loiros dela. Mas podemos dizer que ela foi arruinada?

Texto *De repente sou inundada por uma memória de todos os testes com bonecas feitos ao longo dos anos baseados na pesquisa dos psicólogos dr. Kenneth e Mamie Clark com testes de bonecas, cujos resultados foram usados no processo* Brown v. Board of Education of Topeka *para mostrar os efeitos adversos do racismo em crianças negras, mas quais os efeitos adversos em crianças brancas?*

Checagem dos fatos Sim.

Notas e fontes "Effect of Prejudice and Discrimination on Personality Development" [Efeito do preconceito e discriminação no desenvolvimento da personalidade], artigo apresentado na Conferência de Meio do Século da Casa Branca sobre Crianças e Jovens, em 1950, de K. B. Clark, conforme citado na nota de rodapé 11 na decisão de *Brown v. Board of Education*. Clark debate o documento específico citado naquela nota de rodapé em seu livro *Prejudice and the Child* [O preconceito e a criança]. O capítulo introdutório inteiro dá um excelente panorama refinado da documentação exata que os advogados do querelante enviaram para a Corte. No livro *Social Scientists for Social Justice: Making the Case against Segregation* [Cientistas sociais pela justiça social: Criando o processo contra a segregação], o historiador da ciência John P. Jackson fez uma revisão minuciosa da pesquisa de Clark e do testemunho de Kenneth nos casos que levaram Brown à Suprema Corte. Ver também o artigo de Lani Guinier, professora de direito em Harvard, "From Racial Liberalism to Racial Literacy: *Brown v. Board of Education* and the Interest-Divergence Dilemma" [Do liberalismo racial ao letramento racial: *Brown v. Board of Education* e o dilema de divergência de interesses] para uma análise da "descontinuidade entre a promessa inicial de Brown e sua realidade presente"; Guinier inclui uma revisão do papel que a pesquisa de Clark desempenhou no caso: "É uma questão aberta se qualquer análise legal, mesmo uma baseada em pesquisas de ciências sociais mais rigorosas ou que empregue uma avaliação mais equilibrada das causas e dos efeitos da segregação, poderia ter alcançado os objetivos dos advogados de *Brown* ou agora poderiam realizar a imensa tarefa que ainda espera por nós: extirpar um sistema complexo de relações que tem torturado este país desde os seus primórdios e então refazer uma nova ordem social e econômica em seu lugar".

Jane Elliot, *Olhos azuis*: "O que nós chamamos de educação na verdade é uma doutrinação da supremacia branca. Eu gostaria que cada pessoa que se contentaria em receber o mesmo tratamento que uma pessoa negra ficasse de pé [...]. Ninguém vai se levantar? Isso significa que vocês sabem o que está acontecendo".

A curiosidade da minha amiga foi instigada pela objeção do menino asiático, se ele fez isso com base no que sabe do texto ou do que sabe do mundo que compartilhamos. Arruinada? Alguém lhe explicou sobre cegueira racial na escolha de elencos? Pergunto à minha amiga fazendo piada. Mas uma vez que imaginar, como diria Emily Dickinson, "não é exatamente saber e não exatamente não saber", nós não tiramos conclusões sobre o menino porque o contexto é tudo.

Comento com minha amiga que as ideias das crianças sobre raça são formadas na época em que elas chegam ao jardim de infância e que o preconceito racial delas não é aleatório. A psicóloga social Kristina Olson afirma que "por volta dos três ou quatro anos, crianças brancas nos Estados Unidos, Canadá, Austrália e Europa demostram preferências por outras crianças brancas". Isso acontece, ela diz, porque não importa o que nós dizemos às crianças, elas moldam seu comportamento em função de seu ambiente. Erin Winkler concorda: "Conforme as crianças se tornam mais conscientes das normas sociais que favorecem determinados grupos em relação a outros, elas geralmente demonstram uma tendência favorável ao grupo social privilegiado". De repente sou inundada por uma memória de todos os testes com bonecas feitos ao longo dos anos baseados na pesquisa dos psicólogos dr. Kenneth e Mamie Clark com testes de bonecas, cujos resultados foram usados no processo *Brown v. Board of Education of Topeka* para mostrar os efeitos adversos do racismo em crianças negras, mas quais os efeitos adversos em crianças brancas? Em crianças asiáticas? Nós deveríamos nos importar com isso?

Texto *O argumento de Winkler também é apoiado pelo trabalho das psicólogas Phyllis Katz e Jennifer Kofkin no artigo "Race, Gender and Young Children", de 1997.*

Notas e fontes P. A. Katz e J. A. Kofkin, em "Race, Gender, and Young Children": "Alguns pesquisadores descobriram que crianças pequenas preferem colegas da mesma raça (Finkelstein & Haskins, 1983; Newman, Liss, & Sherman, 1983), embora a maioria registre uma preferência por grupos étnicos maioritários e um preconceito contra peles de cor escura (p. ex., Jaffe, 1988; Porter, 1991; Spencer & Markstrom-Adams, 1990)". Em *Developmental Psychopathology: Perspectives on Adjustment, Risk, and Disorder* [Psicopatologia do desenvolvimento: Perspectivas sobre ajustes, risco e desordem], de S. S. Luthar e outros.

Texto *É difícil ter esperanças quando até o "padrão de olhar" dos professores no jardim de infância tende a enquadrar crianças negras, especialmente meninos, ao sinal de qualquer perturbação na sala de aula.*

Notas e fontes Uma pesquisa do Centro de Crianças de Yale, "Do Early Educators' Implicit Biases Regarding Sex and Race Relate to Behavior Expectations and Recommendations of Preschool Expulsions and Suspensions?" [Os preconceitos implícitos dos professores de educação infantil em relação a sexo e raça estariam relacionados a expectativas e recomendações de expulsões e suspenções na pré-escola?]: "Nossas descobertas demonstram que profissionais da educação infantil tendem a observar os negros com mais atenção, e especialmente meninos quando desafiam o comportamento esperado. É importante considerar essas descobertas, dado que nenhum comportamento desafiador foi apresentado nos vídeos, sugerindo, em parte, que professores de jardim da infância podem ter expectativas diferentes de comportamentos desafiadores baseado na raça da criança... É importante que esses resultados de acompanhamento do olhar correspondam de perto com as avaliações conscientes dos participantes de quais crianças eles sentiam que demandavam mais sua atenção, com meninos negros considerados como os que exigem mais atenção por 42% dos educadores infantis (68% a mais do que expectativas ao acaso). Em acréscimo, meninos em geral foram avaliados como os que exigem mais atenção por 76% dos educadores infantis (52% a mais do que expectativas ao acaso), consistente com os resultados da pesquisa que mostram que meninos (independentemente da raça) correm o risco muito maior de serem expulsos das salas de aula".

O argumento de Winkler também é apoiado pelo trabalho das psicólogas Phyllis Katz e Jennifer Kofkin no artigo "Race, Gender and Young Children" [Raça, gênero e crianças pequenas], de 1997. Elas acompanharam crianças negras e brancas, e de acordo com Winkler, "descobriram que todas as crianças expressaram preconceito dentro de grupos restritos com dois anos e meio de idade. Quando lhe pediam para escolher um possível colega com quem brincar entre fotos de meninos e meninas brancos e negros desconhecidos, todas as crianças escolheram colegas da mesma raça. Entretanto, por volta dos três anos, a maioria das crianças negras e brancas escolhem colegas brancos... e esse padrão se mantém até a marca dos cinco anos, embora se reduza levemente nesse ponto". Eu me pergunto se os pais que concordaram com a participação de seus filhos na pesquisa foram surpreendidos pelos resultados. De acordo com os psicólogos Danielle Perszyk, Ryan F. Lei, Galen V. Bodenhausen, Jennifer A. Richeson e Sandra R. Waxman, fica mais difícil mudar o preconceito social conforme as crianças se tornam mais velhas.

Como se combate o racismo de uma cultura? É difícil ter esperanças quando até o "padrão de olhar" dos professores no jardim de infância tende a enquadrar crianças negras, especialmente meninos, ao sinal de qualquer perturbação na sala de aula. É de perguntar como isso não se tornaria uma indicação social para todas as crianças.

Uma outra amiga que é negra me conta que a diretora da escola particular onde seu filho estudava ligou para dizer que o menino tinha sido expulso de sala por causa do seu comportamento. Na conversa subsequente, a diretora da escola descreveu o menino de quatro anos como violento. Violento? Ele jogou uma peça de quebra-cabeça no cabelo da professora quando ela o retirou da sala. Ele teve um chilique. Violento, minha amiga continua repetindo. Ele tem quatro anos. Você disse aos professores dele que há palavras além de incompetente que definem o uso que eles fizeram da palavra "violento"? Eu pergunto.

Texto *Quando ela tirou o filho da escola, a professora branca chorou porque não deveria haver consequências para a equipe da escola por terem lido a infantilidade de um menino negro como violenta.*

Notas e fontes Philip Atiba Goff, Matthew Christian Jackson, Brooke Allison Lewis Di Leone, Carmen Marie Culotta e Natalie Ann DiTomasso, "The Essence of Innocence: Consequences of Dehumanizing Black Children" [A essência da inocência: Consequências de desumanizar as crianças negras]: "Porque a desumanização envolve a negação da humanidade total do outro (Haslam, 2009), pode-se esperar uma redução das considerações sociais oferecidas para aqueles que são desumanizados. Essa redução viola uma das características definidoras das crianças — ser inocente e, portanto, necessitar proteção —, tornando a categoria "criança" menos essencial e menos distinta dos adultos".

Texto *Eu fui mesquinha ao desconsiderar os sentimentos da professora? Ela chorou porque estava triste com o que estava acontecendo.*

Notas e fontes Robin DiAngelo, em *Não basta não ser racista: Sejamos antirracistas*: "Consequentemente, se nós brancos queremos interromper este sistema, temos que ficar racialmente desconfortáveis e estarmos dispostos a examinar os efeitos de nosso engajamento racial. Isso inclui não nos comiserarmos em qualquer reação que tivermos — raiva, defensiva, autopiedade e por aí vai — num dado encontro entre raças diferentes sem antes refletir sobre o que está conduzindo as nossas reações e como elas afetarão outras pessoas. Lágrimas que são provocadas pela culpa branca são autopiedosas quando nos enredamos na culpa, somos narcisistas e ineficientes; a culpa funciona como uma desculpa para a inação. Além disso, porque nós raramente temos relacionamentos autênticos e duradouros com pessoas de outras raças, nossas lágrimas não parecem solidariedade para as pessoas de cor a quem não apoiamos antes. Em vez disso, nossas lágrimas funcionam como reflexos impotentes que não levam à ação construtiva. Precisamos refletir sobre quando choramos, quando não choramos e por quê".

Em "The Phenomenology of Whiteness" [A fenomenologia da branquitude], a teórica feminista, queer e pós-colonial Sara Ahmed afirma: "Dar nome a um problema pode mudar não apenas como *nós* registramos um evento, mas *se* registramos um evento. Dar ao problema um nome pode ser vivenciado como *o aumento do problema*; permitindo que algo adquira uma densidade social e física ao reunir o que do contrário permaneceria como experiências dispersas, transformando-o em *algo tangível*". Minha amiga ri, mas diz que ela só quer que o filho esteja seguro num espaço onde possa fazer manhas adequadas ao desenvolvimento de uma criança pequena e ainda assim ser ajudado a lidar com suas emoções de forma compassiva. Se você não nomeia o que está acontecendo, todo mundo pode fingir que não está acontecendo, eu disse, um pouco irritada. Eu sei, ela diz, mas aquelas mulheres brancas não são responsabilidade minha. Quando ela tirou o filho da escola, a professora branca chorou porque não deveria haver consequências para a equipe da escola por terem lido a infantilidade de um menino negro como violenta. Violento. Socorro. Socorro.

Depois que termino a ligação com essa amiga, me pergunto sobre a minha irritação. Não é simplesmente com o uso que a diretora branca fez da palavra violento. Também tem a ver com o que percebo como a passividade da minha amiga. Talvez ela não tenha levado o momento até uma crise porque viu as lágrimas da mulher branca como alguma espécie de concessão. Eu fui mesquinha ao desconsiderar os sentimentos da professora? Ela chorou porque estava triste com o que estava acontecendo. Mesmo que as lágrimas dela fossem motivadas por uma sensação de perseguição em vez de culpa, elas ainda são lágrimas, minha analista evidencia. Não há espaço para que ela seja mais do que uma coisa? Eu fico chocada com essa pergunta. Mas por que eu preciso interpretar algo que ela não foi capaz de interpretar em uma criança de quatro anos? Eu deveria dar o benefício da dúvida a uma adulta que não é capaz de dá-lo a uma criança? Nada está suspenso para ela, mesmo considerando a minha incapacidade de levar suas lágrimas em conta, e ainda assim

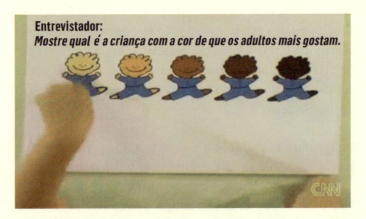

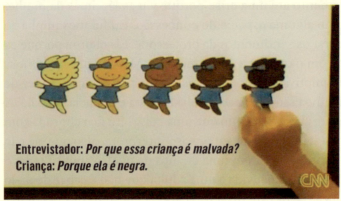

Vídeo still de 2010 da CNN.

devo levar suas lágrimas em conta. Talvez as lágrimas signifiquem um fracasso, talvez a sensação de ter falhado, ou de vitimização ou de culpa, talvez; mas eu não posso ter certeza de que a professora sabe que foi ela quem falhou com o filho da minha amiga (em vez de a minha amiga ter falhado com ela) a não ser que nomeemos o fracasso. Não posso ter certeza, mas como eu leio as lágrimas é menos importante do que reconhecer que elas comunicam algum tipo de compreensão emocional ou falta de compreensão, minha analista me diz. Pergunto à minha amiga o que ela sentiu quando se deparou com as lágrimas da professora branca.

A fragilidade da mulher branca e a vitimização foram as primeiras duas coisas que me vieram à mente. Mas eu não tinha energia para focar nisso. Naquele momento, eu estava lutando para controlar o bem-estar emocional do meu filho, e uma narrativa que já estava sendo elaborada aos quatro anos. Eu sabia, devido a uma pesquisa e uma perspectiva intelectual, que essas coisas aconteciam, mas quando você experimenta isso na realidade, você está no modo sobrevivência. Eu sabia que precisava encontrar professores que entendessem o desenvolvimento social e emocional de crianças pequenas e que também tivessem uma consciência mais profunda de como a supremacia branca reina e se manifesta no jardim da infância, onde as taxas de suspensão e expulsão são mais altas do que para crianças no ensino fundamental.

Felizmente, encontrei uma nova pré-escola e professores que entendem isso. Eles compreendem o perigo inerente de rotular meninos negros pequenos, e também entendem que não precisam tratar meu filho de quatro anos como um adulto... que ele é uma criança pequena, um ser humano em desenvolvimento e ainda não está completamente socializado como seus colegas brancos na nova sala de aula. Não é que ele não faça mais birra e não precise mais de orientações. "Todos eles têm algo a ser trabalhado!", os novos professores disseram quando compartilhei minhas preocupações em relação às birras, agora maiores (devido às experiências anteriores na escola antiga).

Vídeo still de 2010 da CNN.

Conforme eles conversaram comigo abertamente sobre preconceito racial nas escolas, especialmente contra meninos negros, falando a partir das experiências pessoais deles, eu soube que tinha encontrado potencialmente alguns guardiões de sonhos — professores com uma consciência profunda de como nossa sociedade racista, classista e machista funciona e que expressam o desejo de preservar as esperanças e os sonhos de todas as crianças por meio de ensino, cuidado, compartilhamento e amor eficazes.

Então, não, eu não pensei naquela professora branca aos prantos, na escola cuja diretora eu enfureci porque apontei a violência inerente da descrição que ela fez de uma criança de quatro anos como violenta. Eu não dei a mínima. O que essa experiência me ensinou é que terei que ser vigilante pelo resto dos anos escolares, e lamento o fato de que pais com menos recursos não tenham o privilégio de fazer as escolhas que eu faço.

Meeeeeeeeeeeeeeeerda, você não pode ganhar por perder. Eu de repente sou Bunk Moreland de *The Wire*, produzida por David Simon, enquanto conto a história do filho da minha amiga para uma mulher que me abala com o bordão de Bunk. Ou ela está me prendendo dentro dele quando me lembra de garotas negras de doze anos que foram supostamente "examinadas" pela enfermeira da escola de um jeito que, pela descrição, parecia uma revista íntima. Disseram que as meninas eram "pilhadas e sorridentes" quando demonstravam alegria demais, riam demais, eram bem-humoradas demais em sua escola de ensino fundamental II em Binghamton, Nova York, então pediram que elas tirassem as roupas, porque a alegria é demais e os chiliques são violentos e a pele é escura demais e a negritude é insuportável.

Ou, como Fred Moten escreveu em sua descrição de negritude para Erica R. Edwards, Roderick A. Ferguson e Jeffery O. G. Ogbar, em *Keywords for African-American Studies* [Palavras-chave para estudos afro-americanos]: "A análise do nosso assassino, e do nosso assassinato, é para que possamos ver que não somos assassinados. Nós sobrevivemos. E então, conforme temos um vislumbre repentino de

Vídeo still de 2010 da CNN.

nós mesmos, estremecemos. Pois estamos despedaçados. Nada sobrevive. O nada que nós compartilhamos é o que há de real. É isso que aparecemos para mostrar. Que a demonstração é, ou deveria ser, nossa pesquisa constante". Pesquisa, sim, mas a vida disso também permanece em constante negociação. O assédio de crianças negras por gente grande é uma incapacidade de conterem sua irritação diante de nossa sobrevivência? O que Adrian Piper disse? "Tudo será tomado." E nós ainda continuamos exigindo um pouco de R&R: Reparações e Reconstrução.

som e fúria

Texto *Retratos brancos em paredes brancas sinalizam a posse de tudo, assim como as paredes brancas por dentro.*

Notas e fontes "How the White Cube Came to Dominate the Art World" [Como o cubo branco passou a dominar o mundo da arte], de Abigail Cain: "Mas o branco não se tornou *a* cor padrão das paredes de galerias alemãs até o Terceiro Reich dominar o país nos anos 1930. 'Na França e na Inglaterra, o branco só se torna uma cor dominante nas paredes dos museus depois da Segunda Guerra Mundial, é quase tentador falar do cubo branco como uma invenção nazista', disse [Charlotte] Klonk. 'Ao mesmo tempo, os nazistas também mobilizaram a conotação tradicional do branco como a cor da pureza, mas isso não desempenhou nenhum papel quando o espaço expositivo branco flexível se tornou o modo padrão para expor arte no museu'".

"The Global White Cube" [O cubo branco global], de Elena Filipovic: "O cubo branco, em particular, opera sob o fingimento de que sua invisibilidade aparente permite que as obras de arte falem melhor; ele parece neutro, inocente, inespecífico, insignificante. Principalmente, o que faz do cubo branco um cubo branco é que, na nossa experiência com ele, a ideologia e a forma se encontram, e tudo sem que percebamos isso. Anos depois de Barr invocar o cubo branco como a marca registrada dos espaços expositivos do MoMA, Hitler aprovou seu uso no interior do Haus der Kunst em Munique, em 1937, primeiro projeto arquitetônico depois de chegar ao poder. Aquele novo edifício monumental com seu vasto interior de espaços de galerias bem iluminadas, todas brancas e sem janelas, foi inaugurado com a mostra *Grosse deutsche Kunstausstellung* [Exposição da Grande Arte Alemã]. O recipiente branco e mostruário sóbrio serviam para fazer as paisagens idílicas e os corpos arianos em bronze à vista parecerem naturais e inócuos, apesar dos temas beligerantes que serviam de base para sua seleção e apresentação. Indo direto ao ponto, a exposição tinha uma dupla encenação; *Grosse deutsche Kunstausstellung* era o 'aceitável', o complemento positivo à sombria, intensamente entulhada e aparentemente desorganizada exposição *Entartete Kunst* [Arte degenerada], que estreou num instituto arqueológico nos arredores, no dia seguinte. Graças a esse contraste, as obras de arte na primeira pareciam mais nobres e todas as da segunda pareciam mais abomináveis. Não há coincidência a ser rejeitada: Quando a estetização da política alcançou proporções aterrorizantes, o cubo branco foi convocado. Nova York em 1929 e Munique em 1937".

A amargura é

o branco-alvíssimo do branco. Porque brancos não podem saber

o que branco sabe. Onde está a vida nisso?
Onde está o certo nisso? Onde está o branco nisso?

No osso do osso o branco respira o medo de ser,
a frustração de parecer desigual ao branco.

Retratos brancos em paredes brancas sinalizam a posse de tudo,
assim como as paredes brancas por dentro.

E isso é compreensível, sim,

compreensível porque a cultura afirma o branco

possui tudo — a riqueza da herança
um sistema de seguros. A cada geração

a equação perdura — e melhor que
antes e indiferente ao agora e o suficiente

e sempre e inevitavelmente branca.

Isso é o que significa vestir uma cor e acreditar

em seu toque um abraço. Mesmo sem sorte

ou possibilidade de nascimento, o andaime tem degraus
e o legado e o mito da meritocracia fixados no branco.

É como o branco se mantém

assim como os dias contêm tantos brancos que não —

Texto *Quem insinua que brancos poderiam renegar os seus ainda que brancos não ataquem a própria estrutura.*

Notas e fontes Caroline Randal Williams, "You Want a Confederate Monument? My Body Is a Confederate Monument" [Você quer um monumento confederado? Meu corpo é um monumento confederado]: "Se existem aqueles que desejam se lembrar do legado da Confederação, se querem monumentos, bem, então, meu corpo é um monumento. Minha pele é um monumento".

Branco é viver dentro de uma casa geminada, deixando de fora
toda perda, exaustão, ofensa
exposição, desespero despossuído dos outros —

à luz do dia o branco endurece suas feições.

Olhos, que captam toda a luz, endurecem.
Mandíbulas, se fechando na justiça,
endurecem numa fúria que não será chamada

branca para prestar contas por uns poucos
sua promessa é cortar pela raiz.

Se as pessoas pudessem dizer a verdade sobre suas vidas,
ainda que a pobreza exista entre paredes brancas,
e apenas ser branco seja o que funciona.

Quem insinua que brancos poderiam renegar os seus
ainda que brancos não ataquem a própria estrutura.

Ainda que brancos não saiam do próprio sistema.

Toda a compensação não incita nada o segundo seguinte
pode ser jogado fora.

À luz do dia o direito branco à raiva justa
aposta na supremacia
branca no meio do nosso caminho.

pequenas grandes mentiras

Texto *A afirmação não tinha escapado completamente dos meus lábios antes de ser parada pelo pensamento de que eu não herdei riqueza...*

Notas e fontes O artigo "The Political Economy of Education, Financial Literacy, and the Racial Wealth Gap" [A Economia política da educação, letramento financeiro e a diferença na riqueza a partir da raça], de Darrick Hamilton e William A. Darity Jr., de 2017, argumenta que "herança, legado e transferências de contas bancárias de pessoas vivas contam mais para a diferença da riqueza entre grupos raciais do que qualquer outro indicador comportamental, biográfico, socioeconômico... A diferença na riqueza intergeracional foi criada estruturalmente, e praticamente nada tinha a ver com *escolhas* individuais ou racializadas. A fonte da desigualdade é estrutural, não comportamental — transferências intrafamiliares fornecem a alguns jovens adultos o capital para adquirir bens que criam riqueza, como uma casa, um novo negócio ou uma educação universitária livre de dívidas, que são apreciados ao longo da vida. O acesso a esse investimento inicial não-baseado-no-mérito não está relacionado a alguma ação ou inação por parte dos indivíduos, mas sim à posição da família na qual nasceram".

Texto *... mas tipicamente, ainda que nós tenhamos chegado ao mesmo alojamento universitário, não acabamos no mesmo lugar economicamente, uma vez que os brancos têm um rendimento total médio familiar dez vezes maior que o dos negros.*

Checagem dos fatos Sim. De acordo com uma pesquisa do Pew Research Center e da Universidade Brandeis sobre bens e política social, em 2016, a riqueza média de lares brancos era dez vezes maior que a riqueza média de lares negros.

Notas e fontes Pew Research Center: "Em 2019, a riqueza média de um lar branco era 171 mil dólares. Isso é dez vezes a riqueza de lares negros (17 150 dólares)". Tom Shapiro, diretor do Instituto de Bens e Política Social, confirmou essas cifras por e-mail.

Estou conversando com uma amiga sobre a representação de classe na série de TV *Big Little Lies*. A estabilidade ou a instabilidade econômica é comunicada pelo tamanho e pela localização das casas das diferentes personagens. Minha amiga e eu moramos em casas parecidas, com arquiteturas semelhantes e praticamente os mesmos metros quadrados. Talvez seja por isso que eu cometa o erro descuidado de nos colocar na mesma categoria de classe da personagem de Reese Witherspoon na série. Eu digo que somos representadas pelo casal cuja boa casa não tem vista para nada — água, penhasco ou nenhuma outra maravilha da natureza.

A afirmação não tinha escapado completamente dos meus lábios antes de ser parada pelo pensamento de que eu não herdei riqueza; eu não tive escolha em relação a trabalhar fora enquanto criava minha filha, como minha amiga teve e, e, e...

Eu retiro o que disse tão rápido quanto afirmei que éramos gêmeas baseada na similaridade das arquiteturas de nossas casas. Foi um erro estranho de se cometer, mas minha amiga e eu temos vidas que parecem similares: ambas somos escritoras com formações educacionais equivalentes, traumas na vida e aspirações para nós mesmas e nossas famílias. Nós nos conhecemos na vida adulta, e talvez a afeição e a familiaridade me fizeram esquecer momentaneamente das nossas diferenças.

Nossas histórias econômicas apontam em parte para nossa história racial — não que não existam indivíduos negros mais ricos do que a minha amiga, mas tipicamente, ainda que nós tenhamos chegado ao mesmo alojamento universitário, não acabamos no mesmo lugar economicamente, uma vez que os brancos têm um rendimento total médio familiar dez vezes maior que o dos negros. Nossas raças nos posicionaram no mundo de forma radicalmente diferentes — a riqueza dela remonta ao *Mayflower*, e seu posicionamento como branca anglo-saxã é como ela explica muitas coisas de sua vida. Minha imigração de um país previamente colonizado, naturalizada como cidadã americana, e o status de primeira mulher negra da minha geração a ter educação

Texto *Qualquer tentativa de apagar essas diferenças no fim das contas nos desestabiliza, porque, apesar de nossas muitas conexões, apenas de nos sentarmos uma diante da outra, nós temos sido empurradas de pontas opostas de uma estrutura por uma porta criada por nossa cultura compartilhada, para nos sentarmos uma diante da outra.*

Notas e fontes

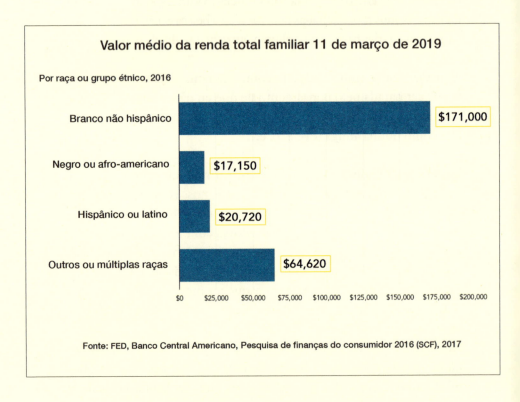

universitária dizem muito sobre mim. Qualquer tentativa de apagar essas diferenças no fim das contas nos desestabiliza, porque, apesar de nossas muitas conexões, apenas de nos sentarmos uma diante da outra, nós temos sido empurradas de pontas opostas de uma estrutura por uma porta criada por nossa cultura compartilhada, para nos sentarmos uma diante da outra. Começo a me lembrar de toda a turbulência e perturbação entre nós que contribuíram para fazer deste um momento de tranquilidade e conforto.

Depois que minha amiga vai embora, pego meu erro como um globo de neve e o viro do avesso na minha cabeça. Minha presunção me lembra de um comentário feito por um homem branco num voo que peguei: "Eu não vejo cor". Assim como ele, a ausência de desconforto me permitiu, por um nanossegundo, desconsiderar a história e as estruturas institucionais que operam para predestinar que minha amiga e eu nunca possamos nos vestir de igualdade.

Meu deslize era um desejo confuso de calcificar nossa conexão, ou havia mais? O deslize era um desejo transcendental de me tornar minha amiga, assumir as pompas de sua vida branca e formar uma aparência de igualdade que nunca pode existir? Eu compreendo que até a minha necessidade de fazer essa pergunta é formulada dentro de uma moldura branco-centrada que acredita que a vida à qual se deve aspirar é em direção à branquitude. A moldura da hierarquia branca tem estado por trás da criação de uma cultura à qual estou sujeita e em que estou inserida ao mesmo tempo. Consequentemente, não sei com que facilidade minhas ações poderiam ser formadas por ela. Por que não querer a coisa que oferece o valor mais duradouro e estável, ainda que às vezes tóxico e desumanizante?

A vida que construí é a minha vida, e embora coincida com o que também é desejado pelas pessoas brancas como minha amiga WASP — nossas casas, por exemplo —, há agendas que constroem precariedade e trauma em qualquer sucesso profissional que eu conquistei e que devem continuar primordiais para mim. Um desejo essencial

por igualdade e a capacidade de viver livre, sem o medo do terrorismo branco, literalmente superam tudo, como Michelle Obama observa em *Minha história*.

A não ser que algo estrutural mude de maneiras que continuam inimagináveis, a vida da minha amiga não é uma vida que eu posso conquistar. Nunca. O tipo de segurança que ela tem, porque não é simplesmente monetária, é atmosférica e, portanto, não é transferível. É o que reina invisível por trás da palavra "branco". Isso não a imuniza de doenças, perdas financeiras, mas garante um nível de cidadania, segurança, mobilidade e pertencimento que nunca posso ter. Nenhuma de nós está perplexa por nossas diferenças particulares, aleatórias, merecidas, não merecidas, históricas ou herdadas. É fato que a capacidade da minha amiga de captar e deter nossas diferenças cria tanto a nossa facilidade quanto os antagonismos de uma em relação a outra. Mas por que, ainda que por um segundo, traduzir a tranquilidade entre nós num estado de igualdade?

Se não há status de igualdade possível, ainda que dentro das minhas amizades mais íntimas com brancos, como explicar a proximidade? Qual forma de relação pode incluir o conhecimento das dinâmicas históricas e das realidades sociais sem evitar ou interromper a intimidade? Se a similaridade e a igualdade são essencialmente impossíveis, como mantemos todas as diferenças na mesa e ainda podemos chamar isso de amizade?

Eu desejo confiar em nossos sentimentos de proximidade, uma proximidade construída com os anos que lutou contra o racismo e as presunções racistas que emergiram de nossos sentimentos magoados e decepções profundas. Desejo parar o tempo e ter sentimentos de intimidade que cobrem todos os tempos, tanto o tempo histórico quanto os anos que nos levaram dos nossos vinte ao fim dos nossos cinquenta. Mas parar de ter consciência das vantagens inatas da minha amiga é deixar de estar presente no nosso relacionamento.

Texto *Minha amiga já conhecia a verdade sobre sua vida antes de eu chamar a atenção a respeito.*

Notas e fontes Dorothy A. Brown, "Shades of the American Dream" [Sombras do sonho americano], *Washington University Law Review*: "Brancos têm mais probabilidade de serem proprietários de suas casas (76%), seguidos dos asiáticos (61%), latinos (49%) e negros (48%). A raça importa quando se trata de comprar a casa própria. Ser branco torna você significativamente mais propenso a ser proprietário do que se você for asiático, negro, latino... Ainda que asiáticos tenham mais probabilidade de se tornarem proprietários do que os negros e latinos, dado que a renda média asiática é mais alta que a renda média branca, nós poderíamos esperar ver taxas mais altas de posse de imóveis entre asiáticos do que entre brancos — entretanto, não vemos... Disparidades na posse de imóveis por raça e grupo étnico não são atribuíveis somente a diferenças de renda. Mesmo em níveis de renda mais altos, uma porcentagem um pouco menor de negros e latinos são proprietários de casas em comparação com os brancos. Em 2005, para cada faixa de renda, as taxas de proprietários negros eram menores do que as taxas gerais de propriedade por renda".

Lembrarmos a nossa verdade é sermos verdadeiros conosco, em todas as realidades e todos os tropeços e deslizes. Então nossa amizade é o que nos permite nos afastar da facilidade do íntimo sem fracassar.

Minha amiga já conhecia a verdade sobre sua vida antes de eu chamar a atenção a respeito. Sua capacidade de não deixar para lá o momento de minha autocorreção, um momento que acontece com a linguagem, a qual parece nos distanciar uma da outra em seu esforço de saber com precisão, aponta para a capacidade dela de contemplar e reconhecer as suas vantagens, suas desvantagens, sua branquitude, juntamente com minha negritude, minhas desvantagens e minhas vantagens, apesar de nossas semelhanças.

O cara a cara, só nós, não, você e eu, que representei, é um em que ela, eu espero, acompanhou. Duvido que ela teria me corrigido se eu não tivesse me corrigido, mas além disso, juntas, possibilitamos que a diferença racial, construída como é, não se torne a fonte de um silêncio azedo. Nossa firmeza, nossa resiliência atenta às diferenças entre nós se tornam o dia a dia de nossa amizade.

Ainda assim, quando lhe pedi que respondesse a uma versão preliminar deste texto, ela disse que não tinha ideias interessantes. Eu fico me perguntando como ela, uma escritora cheia de ideias e imaginações, repentinamente ficou tão carente de sugestões.

solidão ética

i

Vou assistir a *Fairview*, uma peça de Jackie Sibblies Drury, com uma amiga branca. Ela está interessada em pensar na branquitude; essa peça está interessada em pensar sobre raça. Estamos cobertas por todos os lados.

Perto do fim da peça, a quarta parede é quebrada. Um personagem pede às pessoas brancas na plateia que se levantem de seus lugares e venham até o palco, que foi transformado numa sala de estar e de jantar bege com uma escada que leva ao segundo andar. Rostos serão revelados, composturas testadas. Esforços precisam ser feitos para ficar dentro dos pedidos da peça. O ator negro deseja que o espaço do público acolha pessoas negras de um jeito que o mundo não faz. O pedido é apresentado como um condicional — e se? E se o público, nesse espaço de imaginação, puder representar algo que não existe no nosso mundo?

O palco agora é um espaço segregado conforme os atores negros se juntam aos negros na plateia? O centro do palco se transformou na frente do ônibus? Ou é agora um ambiente SÓ PARA BRANCOS? No momento, ninguém sabe o que realmente está sendo evidenciado. Um homem branco sentado atrás de mim diz: Isso é uma merda. No entanto, ele vai até o palco.

A mulher branca que está comigo permanece em seu lugar. Estou ficando tensa. A dramaturga é uma mulher negra, e eu sou uma mulher negra, e quero que a peça tenha o que foi pedido. O que suponho que ela precisa. Minha identificação com a dramaturga é porque ela é negra, ou porque ela é mulher, ou porque ela é artista? É impossível dissecar. Minha tensão começa a se juntar com um ressentimento em relação à minha amiga branca. Eu me sinto traída por ela.

De uma conferência na National Women's Studies Association Conference, Storrs, Connecticut, em junho de 1981, na qual Audre Lorde foi a palestrante principal*

Mulheres que reagem ao racismo são mulheres que reagem à raiva; a raiva da exclusão, do privilégio que não é questionado, das distorções raciais, do silêncio, dos maus-tratos, dos estereótipos, da postura defensiva, do mau julgamento, da traição e da cooptação.

Minha raiva é uma reação às atitudes racistas, assim como aos atos e pressupostos que surgem delas. Se sua relação com outras mulheres reflete essas atitudes, então minha raiva e o seu medo dela são refletores dos quais podemos nos valer para o crescimento, da mesma maneira que tenho me valido do aprendizado de expressar minha raiva para crescer. Mas como uma cirurgia para corrigir problemas de visão, não para sanar a culpa. A culpa e a postura defensiva são tijolos em uma parede contra a qual todas nos chocamos; elas não servem aos nossos futuros.

---

* O discurso foi publicado em *Irmã Outsider*, sob o título "Os usos da raiva: As mulheres reagem ao racismo" (Trad. de Stephanie Borges. Belo Horizonte: Autêntica, 2019).

Eu não sou a dramaturga. A dramaturga pode pensar que o sucesso da peça depende de algumas pessoas brancas ficarem em seus lugares. A dramaturga pode estar esperando que uma pessoa negra suba ao palco com as pessoas brancas. Ninguém foi. A dramaturga pode querer que eu pense que o pedido dela é divisor e saia do teatro: não um palco negro, não um palco branco, mas um "Palco unido". A dramaturga pode ter calculado qual porcentagem do público, "integrantes brancos da plateia", reagiria. Seriam meus sentimentos desagradáveis um sinal de que eu, uma integrante negra da plateia, estou reagindo? A dramaturga pode pensar "Por que eles estão me ouvindo?" enquanto mais e mais integrantes brancos da plateia enchem o palco e as pessoas de cor permanecem sentadas. O palco vai aguentar todas as pessoas brancas? Ou, e é isto o que está me incomodando, a dramaturga pode ter dito exatamente o que ela quer que aconteça.

Estou tentando ouvir o ator dizer as últimas falas da peça, que no fim são compostas de citações de escritores negros famosos, mas tudo o que consigo pensar é a presença da minha amiga branca desobediente em seu lugar. Por que ela não fez o que lhe pediram? Não consigo entender por que ela não consegue fazer uma coisa tão simples. Por que ela não consegue ver que isso importa? Isso importa? No sentido de que a raça importa, sua recusa parece uma insistência na posse total do teatro inteiro. Ó Deus. Estou começando a me sentir empurrada para fora do meu lugar nos últimos minutos da peça. Queimada pela minha associação com a recusa dela, um momento de vergonha alheia talvez.

Táxi.

Quero fugir. Fugir do quê? De uma recusa encarnada que não consigo deixar de ver e de uma que me surpreende? Da minha emoção crescente diante do que percebo como beligerância. Um erro de amizade apesar de todos os meus entendimentos de como a branquitude funciona? Pensei que nós compartilhássemos a mesma

A raiva é repleta de informação e energia. Quando falo de mulheres de cor, não me refiro apenas às mulheres negras. A mulher de cor que não é negra e me acusa de torná-la invisível ao presumir que as suas lutas contra o racismo são idênticas às minhas tem algo a me dizer, e é melhor que eu aprenda com ela para que não nos esgotemos na disputa entre as nossas verdades. Se eu participo, conscientemente ou não, da opressão da minha irmã, e ela chama a minha atenção para isso, reagir à sua raiva com a minha apenas faz com que as reações abafem a essência da nossa discussão. É um desperdício de energia. E sim, é muito difícil ficar quieta e ouvir a voz de outra mulher delineando uma agonia que não compartilho, ou para a qual contribuí.

visão de mundo, se não os mesmos privilégios. Fique quieto, meu coração palpitante, partido?

Quando a peça finalmente termina, digo à minha amiga que me confunde: não sabia que você era negra.

Ela não responde.

Dada a irritação na minha voz, não é um comentário que busca uma resposta. É a performance da minha recusa em me engajar além dos termos da peça. A performance da resistência dela me pareceu falta de solidariedade, na medida em que eu, como pessoa negra, fiquei no lugar como a peça pediu que eu ficasse. Ela deve entender que o pedido da peça é feito em resposta a um mundo onde as pessoas negras não importam. Por que ela não reconhece o momento como uma oferta do feminismo negro?

Embora minha amiga e eu tenhamos o hábito de nos falarmos em intervalos de poucos dias, nas duas semanas seguintes, falamos de tudo, menos daquele dia. Ainda assim, não consigo deixar de voltar à imagem dela colada na cadeira. Ela estava a cinco fileiras do palco. Por que a lembrança continua a me enfurecer e a me deixar perplexa? Por que não sou capaz de ler este momento? Por que não sou capaz de parar de ler este momento? Por que não consigo me acalmar e arquivá-lo?

Tento responder às minhas perguntas silenciosas lembrando que minha analista me disse uma vez que alguns pacientes brancos que se identificam com trauma e vitimização se veem como negros ou judeus em seus sonhos. Seu entendimento do que eles experimentaram, como se sentiram, só se torna apreensível pelas lentes do racismo antinegro ou do antissemitismo. Para incorporar totalmente sua dor, seu trauma, eles precisam se espelhar em estruturas institucionais, históricas, que são definidas por um evento incompreensível como a escravidão ou o Holocausto.

E enquanto investigamos a face quase sempre dolorosa da raiva de cada uma de nós, por favor, lembrem-se de que não é a nossa raiva que me faz recomendar que tranquem suas portas à noite e não andem sozinhas pelas ruas de Hartford. É o ódio que espreita nessas ruas, que deseja destruir a todas nós que trabalhamos verdadeiramente em prol da mudança, em vez de apenas cedermos à retórica acadêmica.

Esse ódio e a nossa raiva são muito diferentes. O ódio é a fúria daqueles que não compartilham os nossos objetivos, e a sua finalidade é a morte e a destruição. A raiva é um sofrimento causado pelas distorções entre semelhantes, e a sua finalidade é a mudança. Mas o nosso tempo está cada vez mais curto. Fomos criadas para ver qualquer diferença para além do sexo como um motivo para a destruição, e o fato de as mulheres negras e brancas enfrentarem as raivas umas das outras sem rejeição ou rigidez ou silêncio ou culpa é, em si, uma ideia herética e fértil. Ela pressupõe companheiras reunidas em razão de um princípio comum para examinar nossas diferenças e modificar as distorções que a história criou em torno delas. Pois são essas distorções que nos separam. E devemos nos perguntar: Quem lucra com tudo isso?

Seus sentimentos de solidão, inércia ou apatia parecem similares, embora diferentes do que a teórica Jill Stauffer descreve como solidão ética. As palavras exatas dela são: "A solidão ética é o isolamento sentido por alguém que, como uma pessoa violentada ou como integrante de um grupo perseguido, foi abandonada pela humanidade, ou por aqueles que têm o poder em relação às possibilidades de sua vida".

A recusa da minha amiga a se mexer, a ser vista se mexendo, era um movimento que ela precisava fazer? É uma mensagem, uma performance de uma? Ela está dizendo ao público negro, vocês todos não têm o direito de olhar para mim. Vocês não podem me ver como um espécime branco. Isso é uma merda, o homem atrás de mim tinha dito. O inconsciente, como eu o entendo, pode perder o contexto ou a perspectiva. Talvez minha amiga não possa suportar que lhe digam o que fazer, e como aquilo começou e onde vai terminar tem muito pouco a ver com sua branquitude. Minha percepção de um ponto cego em torno da dinâmica racial poderia levar a uma discussão mais ampla sobre o feminismo branco e a sensação de mérito dos brancos. Talvez eu só esteja respondendo à sua branquitude porque a peça construiu uma cena ao redor da nossa posição racial não compartilhada. Talvez minha linha de raciocínio seja um elástico esticado que vai se romper e voltar atingindo a minha cara. No entanto, uma dor incoerente perdura. Não consigo deixar para lá. Não vou deixar para lá. Por que você se importa? Eu me pergunto. E eu ainda me importo com a arquitetura da minha intimidade com essa mulher. Deste momento em diante, com que facilidade o pronome "nós" deslizará dos meus lábios?

Pergunto à minha amiga, essa mulher branca que fala tanto sobre compreender e ter empatia: Por que você não foi para o palco? Ela olha para mim. Há uma pausa? O tempo parece reunir o espaço da distância entre nós. Ela diz: Eu não quis.

Não conheço nenhum uso criativo da culpa, a de vocês ou a minha. A culpa é só outra forma de evitar ações bem informadas, de protelar a necessidade premente de tomar decisões claras, longe da tempestade que se aproxima e que pode tanto alimentar a terra quanto envergar as árvores. Se falo com vocês enraivecida, pelo menos o que fiz foi falar; não coloquei uma arma na sua cabeça nem atirei em você na rua; não olhei para o corpo ensanguentado de sua irmã e perguntei: "O que ela fez para merecer isso?". Essa foi a reação de duas mulheres brancas ao relato de Mary Church Terrell sobre o linchamento de uma mulher negra que estava grávida e teve o bebê arrancado do corpo. Isso aconteceu em 1921, e Alice Paul tinha acabado de recusar o apoio público ao cumprimento da Décima Nona Emenda para todas as mulheres — ela se recusou a apoiar a inclusão das mulheres de cor, mesmo que nós tenhamos trabalhado em favor da promulgação dessa emenda.

Ainda estou olhando para ela. O que ela vê no meu rosto? Você não quis? Ela está falando de exaustão? Exaustão consigo entender. Exaustão está ligada à fadiga, e lidar com as investidas de um racismo eternamente rejuvenescido provoca fadiga em todos nós. Ou isso é simplesmente: Eu não tenho que fazer o que uma mulher negra me diz para fazer. Eu sou branca. Você não consegue ver isso?

Eu não quis. E o que eu quero é tudo o que importa. Afinal, no fim, eu sou uma mulher branca. Eu sou quem importa. Eu não quis. São essas as frases não ditas que preciso aceitar?

Dentro do pouco que eu conheço dessa mulher, e esse momento parece mostrar o quão pouco esse pouco é, sei que sua resposta para mim não é uma resposta. Sei que a resposta real, ou a explicação mais realista, está dentro das conversas que ela tem com outras pessoas, talvez outras pessoas brancas, talvez com sua analista branca. Aquelas conversas que, na minha imaginação, me mantém como aquela que não pode deixar coisa nenhuma para lá — uma coisa como a escravidão, como se a escravidão não tivesse se transformado e se adaptado no nosso século por meio do encarceramento em massa e das desigualdades institucionais —, porque minha sensação esmagadora de, de, de, sim, solidão ética. Eu não sou a confidente dela. Não sou alguém com quem compartilhar. Eu não sou alguém — não sou alguém com quem ela confia sua branquitude. Não sou, como tinha pensado, a amiga que imaginava ser.

Esses são os passos em falso, os equívocos e reconhecimentos das amizades. Depois que escrevo isto, compartilho com ela porque nós somos amigas. Não quero isso entre nós como uma surpresa nem como um segredo. Digo a ela que este conteúdo é nosso, para lidarmos com ele primeiro. Nós duas estamos aprendendo, juntas, como nos movemos entre nossas compreensões. Ela diz que o texto narra corretamente o que ela disse e fez, então

As raivas entre as mulheres não vão nos matar se conseguirmos articulá-las com precisão, se ouvirmos o conteúdo daquilo que é dito com, no mínimo, a mesma intensidade com que nos defendemos da maneira como é dito. Quando damos as costas à raiva, damos as costas também ao aprendizado, declarando que vamos aceitar apenas os modelos já conhecidos, fatal e seguramente familiares. Tenho tentado aprender a usar minha raiva de forma útil para mim e entender quais são suas limitações.

não se sente mal representada. Os pensamentos são meus, mas as ações, de fato, são dela. Então ela explica que "sentiu que levava um sermão da peça durante as falas familiares. Eu não quis me mexer. Não quis estar naquilo". Seu sentimento era "frustrado e frustrante, um sentimento triste, mas também um sentimento de ser criticada novamente, tudo de uma vez". Ela também sentiu que a peça era brilhante e não desejava que fosse diferente de modo algum.

Então ela fez uma coisa que eu não esperava, mas que explica por que nós somos amigas. Ela parou e escreveu.

ii

Então, é claro que depois de falar com você, e ajudada pela esteira da academia, meu cérebro começou a pipocar mais pensamentos (um dos motivos pelos quais eu amo tanto falar com você). Só agora tive a chance de registrar esses pensamentos.

Talvez seja interessante para você e importante para mim: sei que me retraio, às vezes muito, às vezes pouco, diante de cenas que pedem, pessoalmente ou de modo geral, para me sentir mal enquanto uma pessoa branca — nas quais, seja lá o que for pedido, também pede-se que eu sinta vergonha, culpa, que faça penitência, reconheça erros, fique sentada de castigo. Obviamente, parte desse retraimento existe porque — quem não? — ninguém gosta de ser castigado. Ou gostam? É nesse ponto que minha reação se torna importante para mim: Eu reajo com um tipo de enjoo quando sinto o cheiro do que, como Darryl Pinckney disse, "plateias brancas [que] confundem terem sido castigadas com aprender" (no ensaio dele na The New York Review of Books *sobre afropessimismo). É claro, há motivos para sentir vergonha, culpa, ser corrigida etc. — isto é, há a história real, e há situações reais e experiências e conversas que demandam isso, e parte da minha reação é ("quem não?") uma clara defensiva. Mas situações (reivindicações, textos em blogs, atividades de workshops de diversidade, e por aí vai) criadas especificamente para extrair a vergonha branca, a penitência, me deixam inquieta — eu me sinto como se transações profanas estivessem prestes a acontecer, como se a moral branca masoquista recebesse um afago.*

Acho que já te contei essa história, mas eu me lembro de um workshop de diversidade, um colega novo, um jovem branco, dizendo que a coisa mais difícil de trabalhar com diversidade, isonomia e inclusão (a lacuna que estavam nos pedindo para preencher) era não deixar os desafios emocionais do trabalho, e o custo físico de fazê-lo, convencê-lo de que ele tinha feito alguma coisa só para dar uma volta na montanha-russa emocional branca. É racionalização demais dizer que eu não queria fingir concordar com a demonstração de vergonha branca e no fim me recusei

(por mais que eu ache uma forma brilhante de terminar a peça) porque senti que seria apenas uma encenação disso?

Parte da frustração e da exaustão que senti naquele momento estavam ligadas a como são repetitivos os pedidos para que nós brancos olhemos para nós mesmos, tomemos uma atitude, levantemos nossas bundas acomodadas etc. Aqueles chamados eram citações (acho que Hughes, Du Bois, Alain Locke e talvez Hurston) que faziam todo o sentido para mim: suspeito que parte da minha frustração, exaustão e tristeza é pelo chamado ser feito, várias, várias e várias vezes, brilhantemente e com urgência, e tantas pessoas brancas encolherem os ombros ou se arrepiarem reagindo emocionalmente a eles, mas então não fazem nada.

É claro, de certa forma eu não estava fazendo nada ficando sentada, e não havia jeito do exterior saber o que eu estava pensando — o pensamento mais fácil de ser atribuído a mim pode ter sido "Isso é uma merda", e em certo sentido, é o pensamento certo. Penso que se outras pessoas brancas não tivessem se levantado, ou se não houvesse brancos o suficiente de pé, eu teria levantado. Eu queria que a peça funcionasse; tenho a tendência a me sentir responsável. Penso que tive a esperança de que minha resistência ao palco pudesse, de alguma forma, ser uma parte de um final bem--sucedido: nem todas as pessoas brancas se levantaram — interessante.

Eu adorei a parte do seu ensaio na qual você fala que uma analista te contou sobre pessoas brancas sonhando que são negras ou judias como forma de habitar a dor. Tenho certeza de que já te contei que, na minha infância, li, e reli várias vezes, todos os livros que a biblioteca do bairro tinha sobre o Holocausto, a escravidão nos Estados Unidos e sobre a caça às bruxas e as técnicas de tortura medievais — eu precisava de cenas nas quais basear minha sensação de que as pessoas são inacreditavelmente cruéis com pessoas que estão ao alcance da mão. Eu não pensava que sou negra no final da peça — estava tão de saco cheio das pessoas brancas, tão identificada com os que se sentem observados (as pessoas negras da peça), tão comovida com a peça, trêmula. Reivindicar/me apossar da branquitude naquele momento, ao me levantar, pareceu difícil. Eu me senti

grudada no assento. Tenho certeza de que há muito mais a dizer/pensar/ analisar sobre tudo isso, mas essa é verdade fenomenológica disso, seja uma merda ou não.

Eu gostei da resposta da minha amiga, ainda que tenha começado a lê-la criticamente. Mas, também, sempre há a vida dela, as experiências dela que dialogam comigo. Eu estou na minha cabeça e no meu coração simultaneamente. O que sei é que sempre posso perguntar, mesmo quando estou sentindo o que não quero sentir. Sempre posso perguntar.

iii

Um personagem
pede às pessoas brancas na plateia que se levantem

O ator negro deseja que o
espaço do público acolha pessoas negras

— e se?

A mulher branca   permanece em seu lugar

A dramaturga pode pensar

uma recusa encarnada

Fique quieta

Ela não responde.

recusa

como

um   sonho

largado

Eu não quis

não

não pode

Eu não sou
a branquitude
que imaginava ser

espaços liminares ii

Texto *Há o relato de que, em resposta a Kitt, Lady Bird Johnson chorou...*

Checagem dos fatos Não. Isso pode ser verdade, mas, anos depois, os dois lados supostamente negaram que ela realmente tenha chorado.

Notas e fontes De acordo com uma reportagem do *USA Today* intitulada "Eartha Kitt's Vietnam Comments Nearly Ended Her Career" [Comentários de Eartha Kitt sobre o Vietnã quase acabaram com sua carreira], Lady Bird Johnson escreveu em seu diário particular que "um jornal disse que eu estava pálida e que minha voz estremeceu de leve enquanto eu respondia à srta. Kitt. Acho que isso está correto. Eu não tinha lágrimas nos olhos como afirmou o outro jornal". A filha de Kitt falou à reportagem que "minha mãe disse que nunca viu lágrimas".

O que significa re-criar conversas em detalhes para desmascarar — o quê? A própria posição? O eu em relação ao outro, um outro?

O que vive no encontro? O que está na abertura disso? O importante é o que é dito ou o que não é dito? O momento é o momento antes das palavras serem compartilhadas ou o momento depois?

Viver apenas nos arquivos das conversas é, talvez, ver o que a cultura tem formado, de bom grado. Repetidamente? Com certeza.

> O presidente Lyndon B. Johnson, que assinou a Lei dos Direitos Civis em 1964, disse a Bill Moyers: *Se você puder convencer o homem branco mais baixo de que ele é melhor do que o homem de cor, ele não vai notar que você está roubando a carteira dele. Bem, dê a ele alguém para menosprezar, e ele esvaziará a carteira por você.*

> Em 1968, num almoço na Casa Branca, Eartha Kitt disse a Bird Johnson: *Vocês mandam os melhores deste país para a guerra e eles são mortos e mutilados. Eles não querem isso… Eles se rebelam nas ruas, eles vão fumar um. Se você não conhece essa expressão, é maconha.*

> Há o relato de que, em resposta a Kitt, Lady Bird Johnson chorou no caso de alguém ter falhado em perceber o mal causado pelo comentário de Kitt. A CIA criou um dossiê sobre Kitt uma semana depois do almoço. Então ela entrou para lista negra dos Estados Unidos pela década seguinte.

Conversar é arriscar o desenrolar do dito e do não dito.

Conversar é arriscar a performance do que está sendo mantido pelo silêncio.

> Thomas Jefferson em *Notas sobre o Estado da Virgínia*:

Provavelmente será feita a pergunta: Por que não reter e incorporar os negros no estado, e assim economizar os gastos com suprimentos, com a importação de colonos brancos, as vagas que eles deixarão? Preconceitos profundamente enraizados acolhidos pelos brancos; dez mil recordações dos negros, das ofensas que eles tiveram que suportar; novas provocações; a distinção real feita pela natureza; e muitas outras circunstâncias nos dividirão em partidos e produzirão convulsões que provavelmente nunca vão acabar a não ser com o extermínio de uma raça ou da outra. — A essas objeções, que são políticas, poderão ser acrescentadas outras, que são físicas e morais. A primeira diferença que nos atinge é a da cor. Se a pretura do negro reside na camada reticular entre a pele e a epiderme, ou na própria epiderme; se procede da cor do sangue, da bile, ou de alguma outra secreção, a diferença está fixada na natureza, e é tão real como se seu resultado e sua causa fossem bem conhecidos por nós. E essa diferença não tem importância?

O que é desejado? O que é dito, o que é compartilhado, o que é conhecido por todos os tempos?

Funcionário do Starbucks para atendente do 911: *Oi, eu tenho dois cavalheiros no meu café que estão se recusando a fazer uma compra ou a sair. Estou no Starbucks na esquina entre a 18 e a Spruce.*

O que nunca-está-no-centro do momento, o que é o nunca-mais, o que é o não, a negação no enunciado?

As conversas são desejo projetado? Conversar é uma dança? O vaivém, uma oportunidade? A ser pega? Ser levada? Ser levada embora? Levada para fora?

O que está sendo ameaçado? O que está sendo tomado? Tudo está sendo tomado? O que é isso?

O que é ofendido? Ofensivo? É simplesmente porque eu sou? Ou porque você é? Eu estou no seu caminho? Você vai barrar o meu caminho? Eu te conheço? Posso conhecer você? Do seu jeito? De qualquer jeito?

HILARY BROOKE MUELLER: *Você pode me filmar. Tudo bem...*
D'ARREION TOLES: *Eu entendo, senhora, mas você está bloqueando a entrada.*
MUELLER: *Do meu prédio.*
TOLES: *O.k., e é o meu prédio também, então preciso que você saia do caminho e...*
MUELLER: *O.k., qual apartamento?*
TOLES: *Eu não preciso lhe dar essa informação, então a senhora me dê licença.*
MUELLER: *Eu não estou à vontade.*
TOLES: *Me desculpe. Tudo bem, você pode ficar desconfortável, o critério é seu. Você não está à vontade por sua causa. Eu preciso que você saia da minha frente, por favor.*
MUELLER: *Não.*

Só nós, apenas pessoas, o mesmo povo, mas o que é isso que um determinado povo está sentindo ou querendo ou sendo? O burburinho tão brutal emerge, aumentando, cresce.

O que emerge dentro, entre nós? O que se eleva porque nós somos a história dentro de nós?

ATENDENTE DO 911: *911 de San Francisco. Qual a exata localização da sua emergência?*
ALISSON ETTEL: *Estou na calçada. Oi. Estou vendo uma pessoa que não tem alvará de vendedor e está vendendo água na frente do estádio.*
ATENDENTE: *Hummm...*
ETTEL: *Tem alguém com quem eu possa falar sobre isso?*

Texto *… a polícia socorro socorro é chamada socorro socorro a polícia é chamada socorro socorro.*

Notas e fontes Trecho de "NYPD Union Lawyers Argue That Eric Garner Would've Died Anyway Because He Was Obese" [Advogados do sindicato da polícia de NY alegam que Eric Garner teria morrido de qualquer maneira porque ele era obeso], de Zak Cheney-Rice para *New York Magazine*: "A equipe de defesa de Pantaleo tem declarado constantemente que Garner foi o responsável pela própria morte. Se ele não fosse obeso e asmático, teria sobrevivido à violência que foi submetido. Embora possa parecer estranho sugerir que a saúde física de uma vítima deveria ser usada para inocentar alguém que a estrangulou e a matou, essa é a lógica aplicada constantemente em muitos casos em que a polícia se excede ao matar civis desarmados — muitos dos quais articulam como as vítimas poderiam ter evitado suas mortes, em primeiro lugar, seja mantendo uma melhor forma física como é o caso de Garner, ou aparentando serem menos assustadores para a polícia, como nos casos de Michael Brown, Terence Crutcher e outros".

ATENDENTE: *O.k., um segundo. Deixe-me transferir você para o departamento de polícia. Fique na linha.*
ETTEL: *Ótimo, obrigada.*
ETTEL: *Olá. Estou vendo uma pessoa que, hum, não tem alvará de vendedor e está vendendo água na frente do estádio.*

O que é a incoerência que chama? O que chama por um nome, o que cria o sentimento de raiva? O que cria o sentimento de confiança na ignorância, na cegueira da frieza? A ilegalidade da perda?

Mulher branca não identificada: *Eu não me incomodo de dizer e não ligo se todo mundo está me ouvindo. Eu acho que todo mundo aqui se sente como eu: Volte para seja lá onde for a porra do lugar de onde você veio, moça.*

Uma força no interior da brancura está forçando a branquitude.

O que é o sentimento que arrasta, que empurra, que coloca em movimento, qual a sensação da fala incivilizada? O quê? O que nos arrasta, só nós, aqui? O que é a justiça desejada?

Então pede-se à pessoa negra para se retirar desocupar provar validar confirmar autorizar legalizar o direito deles de estar no ar no ar bem aqui e então a polícia socorro socorro é chamada socorro socorro a polícia é chamada a polícia socorro socorro.

É muito mais frequente a polícia respaldar apoiar reforçar as declarações da pessoa que a chamou na brancura da verdade na brancura do vitimismo do benefício embranquecido da dúvida na mais-branca--que-branca explicação de.

EARL: *Eles não estão vagabundeando.*
JM: *Como eu estaria vagabundeando numa área que é pública.*
EARL: *Você está sentado aqui.*
JM: *Então essa área é restrita depois de determinado horário?*

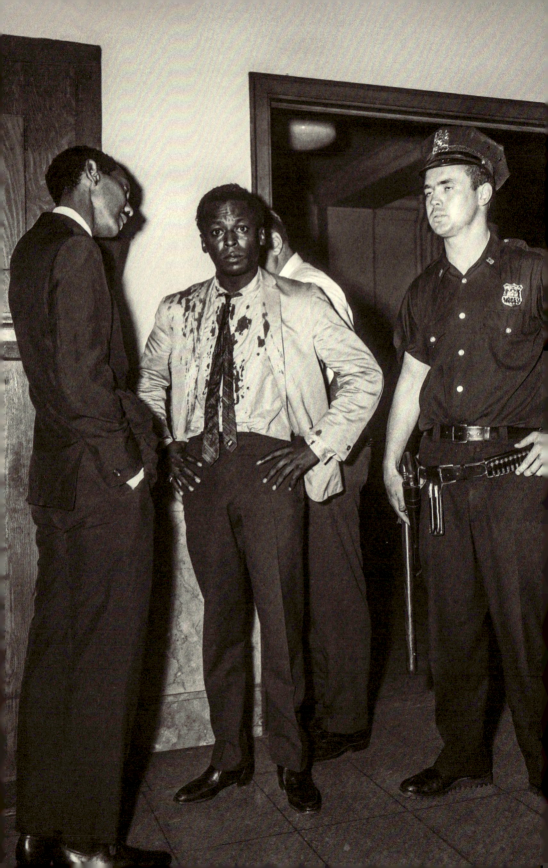

EARL: *Só se você estiver hospedado.*

JM: *Eu estou hospedado.*

EARL: *Você não me disse isso.*

JM: *Eu disse que sou um hóspede, eu te disse.*

EARL: *Perguntei em qual quarto você está e você não respondeu.*

JM: *Estou no 5 e alguma coisa, eu me registrei hoje, aqui está o meu ticket, meu hum, quarto, eu fiz check-in com meu American Express e esse cavalheiro está me assediando.*

LOUIS: *Ninguém está assediando você, cara.*

JM: *Você está.*

LOUIS: *Eu só estou tentando entender o que aconteceu.*

JM: *Não há nada para entender, senhor. Você quer conferir e ver se eu sou um hóspede?*

LOUIS: *Foi por isso que perguntei a você, cara. Só estou tentando ajudar aqui.*

JM: *Não, eu gostaria de ver a polícia. Deixe os policiais entrarem, por favor.*

LOUIS: *Então tá. Tudo bem.*

EARL: *Ver com o que eu estou lidando.*

JM: *Vocês são loucos.*

...

JM: *Porque Earl me disse que eu tinha que ir embora?*

POLICIAL: *Earl é o responsável pela propriedade, sim.*

JM: *Então Earl administra este lugar...*

POLICIAL: *Neste momento.*

JM: *Estou sentado aqui atendendo a uma ligação.*

POLICIAL: *Você pode relatar isso...*

A polícia na qual eles acreditam a polícia acredita no presidente na história na educação, na mídia cujo entretenimento ensinou a eles o mundo que eles conhecem o pior que eles carregam.

É assim que nós sabemos que não é um problema de saúde mental. Isso não é um caso isolado. Isso não é digno nem serve a nós.

josé martí

Texto *Brooklyn. Ela se preocupa se o filho será morto. Morto por quem? Minha fantasia ou a dela? Você esteve no Brooklyn recentemente?*

Notas e fontes Em geral, as taxas de criminalidade em Nova York estão nos níveis mais baixos em décadas — veja a cobertura do *The New York Times*: "Crime in New York City Plunges to a Level Not Seen Since the 1950s" [Crimes em Nova York despencam para um nível nunca visto desde os anos 1950]. Houve um ligeiro aumento no Brooklyn, bem recentemente, mas, no cenário mais amplo, os números ainda estão baixos. A situação atual do Brooklyn, de acordo com o *New York Times*: "Houve 21 assassinatos até agora nas delegacias localizadas mais ao norte do Brooklyn, em comparação a doze nesta época no ano passado [2018]. Muitas dessas mortes estavam concentradas em regiões como East New York e Brownsville. Outras aconteceram nas fronteiras de regiões rapidamente gentrificadas como Bushwick e Bedford-Stuyvesant, onde ocorreram quatro assassinatos num raio de cinco quarteirões este ano", mas "a violência no Brooklyn ainda está muito distante da crista da onda de assassinatos do início dos anos 1990. Em abril de 1993, por exemplo, as mesmas dez delegacias ao norte do Brooklyn já registravam mais de oitenta assassinatos". Há uma disparidade racial significativa entre as vítimas de crimes em Nova York, na qual os brancos abordados e mortos são as menores taxas em comparação a outros grupos. Veja a cobertura do *Wall Street Journal* sobre esse aspecto da situação.

Um relatório do Departamento de Polícia de Nova York abrangendo toda a cidade detalha a raça das vítimas de crimes. Estes são os dados mais recentes, relativos a 2018. Os principais destaques (há mais categorias disponíveis, e observe também que "suspeito" pode ter um significado específico neste contexto). Assassinatos: "As vítimas de assassinatos e homicídios culposos sem negligência são frequentemente negras (62,6%) ou hispânicas (24,9%). Vítimas brancas representam 9,6% de todas as vítimas de assassinatos e homicídios culposos sem negligência, enquanto asiáticos e provenientes das ilhas do Pacífico representam 2,8% de todas as vítimas de assassinatos e homicídios culposos sem negligência. A raça/etnicidade do assassino conhecido ou do suspeito de homicídio culposo reflete a população das vítimas com negros (61,9%) e hispânicos (31%) como suspeitos responsáveis pela maioria das hipóteses. Suspeitos brancos representam 5,4% de todos os suspeitos de assassinato e homicídio culposo, enquanto asiáticos e provenientes das ilhas do Pacífico respondem por 1,7% dos assassinos conhecidos e suspeitos de homicídio culposo". Assaltos: "As vítimas de assaltos frequentemente são hispânicas (38,7%) ou negras (30,6%). Asiáticos e provenientes das ilhas do Pacífico representam 15,8% de todas as vítimas de assalto, enquanto os brancos correspondem a 13,9% de todas as vítimas de assalto. A raça/etnicidade de suspeitos de assaltos é principalmente negra (65%). Suspeitos latinos representam um adicional de 27,1% da população de suspeitos. Brancos correspondem a 4,6% de todos os suspeitos de assaltos, enquanto asiáticos e provenientes das ilhas do Pacífico representam 2,4% de suspeitos de assaltos conhecidos".

Um homem branco mais velho diz que a unidade do seu filho será enviada novamente em breve. Ele acredita na importância do serviço militar, mas isso não o impede de ficar preocupado com a vida de seu filho. A juíza branca sentada perto de mim simpatiza com a postura dele. Ela sabe como ele se sente. O filho dela está se mudando para o Brooklyn. Brooklyn? Permaneço sentada, pensando quieta em todos os eufemismos que os brancos usam para levar adiante a fantasia branca da essência negra, ou é minha fantasia da fantasia deles? Essência desagradável. Essência perigosa. Essência nervosa. Brooklyn. Ela se preocupa se o filho será morto. Morto por quem? Minha fantasia ou a dela? Você esteve no Brooklyn recentemente? •

Por que a juíza não diz o que quer dizer? Tenho consciência de que estou me esforçando para ficar calada neste momento. Eu me envolvo com o racismo que ela pode acreditar que tem justificativa? Ela conhece uma pessoa branca como seu filho que foi assassinada ou roubada ou ameaçada no Brooklyn? Ela condenou moradores do Brooklyn o suficiente para solidificar a equação entre o Brooklyn e a criminalidade? A fantasia que faço dela enquadra grande parte do que sei sobre o sistema de justiça? Reli *The New Jim Crow* demais? Acompanhei a carreira de Bryan Stevenson muito de perto? Estou dando um salto que não existe? Ela deu a entender que o Brooklyn pode matar seu filho; ela não disse negros, não disse caribenhos, não disse latinx. Quais outras comunidades eu conheço no Brooklyn? A comunidade dos judeus hassídicos? Do Leste europeu? Os dominicanos? Os coreanos? Quem não está morando lá? Como posso ter certeza do que ela quis dizer? Ninguém mais na mesa riu da afirmação dela. Estou projetando nela sem motivo? Eu deveria perguntar se ela teme que o filho seja morto por outro homem branco gentrificador, uma vez que a maioria de vítimas e suspeitos são vizinhos?

Quão longe consigo me manter da confrontação, usando a linguagem das perguntas? Aonde você vai com essa analogia? Aonde vamos com essa comparação que não é uma comparação, juíza? Por que eu sei que, se 2016 tivesse sido diferente, essa juíza branca

BLACK LIVES

poderia agora ter um cargo no nosso governo, e todos nós pensaríamos que isso era melhor do que o que recebemos naquela época, e pareceria melhor do que tivemos, e estou despencando em minha profunda consciência de como nossa esperança continua esperançosamente branca e racista. Estou errada? Brooklyn, não negro.

E seja lá o que ela quis dizer, ela não é a exceção. O senador Bernie Sanders, que era a esperança de muitos, ao refletir sobre as derrotas dos democratas depois das eleições para governadores e para o legislativo em 2018, afirmou: "Há muitas pessoas brancas, que não são necessariamente racistas, que se sentiram desconfortáveis pela primeira vez em suas vidas se queriam ou não votar num afro-americano". Como não votar numa pessoa simplesmente porque ela é negra não é racista? Embora Sanders não tenha se intimidado em rotular as campanhas de Brian Kemp e de Ron DeSantis como racistas (em seu perfil no Twitter, ele disse: "Uma propaganda republicana foi rejeitada até pelo canal Fox por causa de conteúdo racista... Na Flórida, Andrew Gillum, de quem tive o orgulho de estar ao lado durante as primárias, encarou durante semanas o racismo de seu oponente e de forças aliadas. Isso é apenas um fato. E no fim, acredito que esses ataques covardes baseados no 'medo do outro' tiveram impacto no resultado. Stacey Abrams encarou ataques semelhantes, além de uma supressão de votos sem precedentes. Esta é uma realidade que precisa mudar"), até ele parece parar rápido quando chega o ponto de rotular potenciais eleitores como racistas.

Como candidatos brancos democratas e independentes têm em mente a humanidade negra num nível político quando eles mesmos exibem ou toleram o racismo com qualquer linguagem escusatória que lhes venha à cabeça? Um exemplo recente, de 2019, seria Joe Biden evocando dois segregacionistas brancos como exemplo de sua habilidade de trabalhar junto apesar das diferenças.

Texto *Não surpreende que, na corrida em direção à brancura, determinados asiáticos e latinx e pessoas negras têm ficado, na minha fantasia sobre eles, sem fôlego para se distanciarem da negritude.*

Checagem dos fatos Talvez. Um contexto mais amplo pode complicar essa afirmação. Veja os exemplos abaixo.

Notas e fontes O livro muito citado de Ellen D. Wu, *The Color of Success: Asian-Americans and the Origins of the Model Minority* [A cor do sucesso: Asiáticos-americanos e as origens da minoria modelo], argumenta que a assimilação dos asiáticos-americanas é melhor compreendida como um processo inseparável de uma estrutura social supremacista branca em vez de um produto do desejo asiático-americano em si: "Antes dos anos 1940 e 1950, os brancos consideravam etnias japonesas e chinesas como estrangeiros inassimiláveis e inadequados para integrarem a nação. Americanos tinham sujeitado os chamados orientais ao regime de Exclusão Asiática, marcando-os como *definitivamente não brancos* e impedindo sua participação cívica sistematicamente por meio de medidas como a proibição da naturalização, a discriminação ocupacional e a segregação habitacional. Entretanto, com o começo da Segunda Guerra Mundial, as ambições geopolíticas dos Estados Unidos provocaram mudanças sísmicas em ideias populares de nacionalidade e pertencimento [...]. Por volta de meados dos anos 1960 [...] a invenção de um novo estereótipo de asiáticos-americanos como a minoria modelo — um grupo racial distinto da maioria branca, mas enaltecido como bem assimilado, com potencial de ascensão social, não ameaçador politicamente, e definitivamente *não negro*". Veja também a entrevista da autora no *Washington Post*: "O mito da minoria modelo como é visto hoje foi em grande parte um resultado involuntário de tentativas anteriores de asiáticos-americanos serem aceitos e reconhecidos como seres humanos".

Um estudo do Pew Research Center de 2016, *How U.S. Afro-Latinos Report Their Race* [Como afro-latinos dos Estados Unidos identificam sua raça], descobriu que apenas 18% dos afro-latinos também se identificam como negros.

Ver também o livro de Alysson Hobbs, *The Chosen Exile: A History of Racial Passing in American Life* [O exílio escolhido: Uma história da passagem racial na vida americana].

Eu sei que "apenas ser branco é ser racista" é o chavão que alguns progressistas usam hoje em dia, mas quando vão começar a ouvir o que eles supostamente sabem? Quando o conhecimento fará a diferença na prática? "A paisagem do seu mundo é a paisagem do mundo", escreveu o escritor, poeta e filósofo martinicano Édouard Glissant.

Não surpreende que, na corrida em direção à brancura, determinados asiáticos e latinx e pessoas negras têm ficado, na minha fantasia sobre eles, sem fôlego para se distanciarem da negritude. Claire Jean Kim argumenta que isso é construído intencionalmente pelos brancos em seu artigo "The Racial Triangulation of Asian-Americans" [A triangulação racial de asiáticos-americanos]: "A triangulação racial acontece por meio de dois processos relacionados e simultâneos: (1) processos de 'valorização relativa' na qual o grupo dominante A (brancos) valoriza o grupo subordinado B (asiáticos-americanos) em relação ao grupo subordinado C (negros) em âmbitos culturais e/ou raciais para dominar ambos os grupos, mas especialmente o último, e (2) processos de 'ostracismo cívico', no qual o grupo dominante A (brancos) constrói o grupo subordinado B (asiáticos-americanos) como estrangeiros imutáveis e assimiláveis pelos âmbitos raciais e/ou culturais brancos para afastá-los do corpo político e da participação cívica". Em qualquer um dos casos, esse modelo seria específico para asiáticos-americanos e não se aplica da mesma maneira à nossa população latinx.

Mas para voltar aos nossos sistemas de governo, um sistema de justiça ineficaz aponta para um racismo antinegro profundamente arraigado nos segmentos de nosso governo. Isso não é interrompido porque temos senadores de cor. Ted Cruz, conhecido antigamente como Rafael Edward Cruz, que é americano com ascendência cubana e irlandesa, no meu caso é um bom exemplo de um antirracista não confiável durante um jantar com uma maioria de pessoas negras e de cor. Uma artista na festa diz que Cruz não a representa nem ao povo latinx. Ela destaca que há muitas pessoas latinx que se identificam como negras, cujas visões não são representadas em lugar nenhum em nossa discussão, não que se identificar como negro determine alguma coisa.

Texto *Apesar de a assimilação à brancura ser muito possível para alguém que se identifica como latinx, muitos dos que se autoidentificam como brancos não são vistos nem tratados como brancos.*

Notas e fontes No livro *Race Migrations: Latinos and the Cultural Transformation of Race* [Migrações raciais: Latinos e a transformação da raça], Wendy Roth analisa as formas como imigrantes porto-riquenhos e dominicanos são assimilados pela estrutura racial social dos Estados Unidos baseadas na cor de sua pele. Ela observa: "As estratégias raciais que esses migrantes adotam — assimilação, mudança de registro e se passar por branco de acordo com a situação — são principalmente soluções individuais para lidar com barreiras raciais. Eles permitem que alguns porto-riquenhos e dominicanos de pele clara ultrapassem a linha de cor momentânea ou permanentemente, mas deixam aquela linha de cor em algum lugar no passado. Aqueles com pele escura ou intermediária são incapazes de atravessar para a brancura, ainda que momentaneamente. Embora adotar o comportamento cultural do grupo branco dominante possa melhorar suas oportunidades socioeconômicas, eles continuam racializados como latinos — uma classificação que traz algumas vantagens, considerando termos de ações afirmativas, mas também barreiras. As soluções individuais associadas com estratégias raciais talvez sejam úteis para algumas pessoas, mas soluções públicas são o que destroem as barreiras sociais para todos".

Texto *Comunidades indígenas de lugares como o México e países da América Central dificilmente são levadas em consideração.*

Notas e fontes O censo dos Estados Unidos força aqueles com identidades latinx indígenas a uma moldura de raça/etnicidade que não é necessariamente relevante para sua experiência vivida. Um artigo no *The New York Times*, "Hispanics Identifying Themselves as Indians" [Hispânicos se identificando como índios], de Geoffrey Decker, embora datado, dá um bom panorama dos entraves que latinx de origens indígenas encaram ao preencher o formulário do censo: "O total de indígenas americanos ainda é uma pequena fração do conjunto da população hispânica dos Estados Unidos, que abrangeu 50 milhões este ano. Mas essa ruptura na informação do censo representa uma maior consciência entre os latinos nativos que acreditam que sua herança vai muito além das nacionalidades disponíveis no formulário do censo".

Mais tarde, a artista envia a todos que estiveram na festa uma apresentação de Miriam Jiménez Román, a qual argumenta que o censo manipula a população latinx para identidades raciais por causa de suas categorias raciais predeterminadas. "Latinx" é o termo de gênero neutro que substitui "latino(s)" e "latina(s)" usados anteriormente. Jiménez Román também destaca que estatisticamente um alto percentual de porto-riquenhos em Porto Rico se identificam como brancos. Apesar de a assimilação à brancura ser muito possível para alguém que se identifica como latinx, muitos dos que se autoidentificam como brancos não são vistos nem tratados como brancos. E aqueles que se autoidentificam como afro-latinx são ignorados pelos negros e apagados pelos brancos. Comunidades indígenas de lugares como o México e países da América Central dificilmente são levadas em consideração.

Sentada em casa repassando nossa conversa na minha cabeça, considero ligar para a artista para continuar nossa conversa durante o jantar. A chuva borra as árvores do lado de fora da minha janela, eu me pergunto se essa mulher está tão chocada com a minha ignorância quanto eu me sinto às vezes na companhia dos brancos. De algum jeito, entendo que ela seja o tipo de interlocutor com quem preciso me envolver, com quem quero me envolver. Imagino que existe o desejo de conhecer e de ser conhecida. Entendo que ela pedirá responsabilidade de formas que não significam obscurecer, mas em vez disso, esclarecer. O esclarecimento que ela demanda tornam meus pontos cegos aparentes. Resolvo ligar para ela.

No telefone ela reitera que acredita que a narrativa de assimilação latinx é construída pela própria branquitude. Há uma pressão para que pessoas latinx sejam assimiladas, ela diz. A pressão começa no censo nacional, nas suas categorias limitadas. A cultura, quando fala a respeito da excelência negra, raramente ou quase nunca inclui exemplos de negros latinx. Ninguém fala sobre as trocas culturais entre afro-americanos e afro-cubanos no desenvolvimento do jazz, por exemplo, ela diz. Com apenas 18% de pessoas afro-latinx se identificando como negras, muitos latinx não se veem na branquitude

Texto Com apenas 18% de pessoas afro-latinx se identificando como negras, muitos latinx não se veem na branquitude americana nem na negritude americana porque têm culturas com histórias específicas e figuras históricas que não estão incluídas na narrativa americana.

Notas e fontes Ver os dados do Pew Research abaixo.

Veja também "Socially Desirable Reporting and the Expression of Biological Concepts of Race" [Identificação socialmente desejável e a expressão de conceitos biológicos de raça] de Ann Morning, Hanna Brückner e Alondra Nelson, na *Du Bois Review: Social Science Research on Race*.

americana nem na negritude americana porque têm culturas com histórias específicas e figuras históricas que não estão incluídas na narrativa americana.

Eu conto a ela que tive uma conversa com um homem americano porto-riquenho e achei impressionante porque eu falava sobre como nós "pessoas de cor" precisamos nos organizar em relação a Ação Postergada para a Chegada de Crianças, questões de fronteiras e propostas de novas políticas de imigração, e ele continuava dizendo que enquanto "homem branco" ele se sentia impotente sob o governo atual.

Ironicamente, "pessoas de cor" veio da expressão "mulheres de cor", que mulheres negras ativistas usavam como um termo de solidariedade com outras mulheres não brancas, até que eventualmente representasse qualquer pessoa não identificada como branca. Mas para ele pessoas de cor significa negros, ela observa.

Para mim, pessoas de cor significa "não estruturalmente brancas", pessoas fora do poder estrutural nas instituições que nos querem mortos, ou privados do direito ao voto, ou deportados ou tornados invisíveis para as vidas brancas por meio da supressão de votos, ou pelo desinvestimento passivo ou agressivo do legislativo e a criminalização de segmentos da população baseada em raça ou etnicidade. Mas se, por exemplo, como disse Jiménez Román, 75,8% dos porto-riquenhos em Porto Rico se veem como brancos e como parte do grupo geral de pessoas brancas, mesmo que outros não os vejam dessa maneira, eu vejo o nosso problema.

Minha nova amiga, a artista, me pergunta: Você sabia que até a exposição *Our America: The Latino Presence in American Art* [Nossa América: A presença latina na arte americana], em 2013, o Smithsonian nunca tinha feito uma exposição principal dedicada à obra de latinos? Não, eu não sabia disso.

O que você sabe sobre José Martí? Muito pouco. Ele é poeta.

Chris Rock

Não há um homem branco nesta sala que trocaria de lugar comigo, nenhum de vocês, ninguém aqui trocaria de lugar comigo, e eu sou rico.

Ele é mais que um poeta. Que ele é poeta é tudo que todo mundo sabe. O.k.

Você leu *Harvest of Empire: A History of Latinos in America* [A colheita do império: Uma história dos latinos na América]? Não.

Então mesmo que eu entenda que os estereótipos americanos de pessoas latinx como jardineiros e babás sejam para desvalorizá-las intencionalmente, também preciso entender que nossa imaginação cultural nacional, feita de celebridades e políticos (Sonia Sotomayor, Ted Cruz, Marco Rubio, J.Lo e todos os artistas, jornalistas e outras figuras públicas no *mainstream*), não é uma representação apropriada da população latinx em todos os níveis da sociedade americana, e com raízes em países de todas as Américas e no Caribe.

Às vezes em nossas conversas esqueço de dizer latinx, e uso os termos latino ou hispânico quando quero me referir a pessoas das Américas ou a cubanos como Cruz e Rubio, que se referem a si mesmos como hispânicos. Isso é capaz de levar a nossa conversa a uma interrupção. Hispânico é um termo racista, a artista me diz. Ele se refere à Espanha, servindo para inserir uma hierarquia de linhagem europeia. Sou lembrada das conversas na festa quando os judeus se distanciaram veementemente daqueles que se apegam ao rótulo de judeu alemão. O.k., eu digo, pois entendo que como você se refere às pessoas é importante, uma vez que latinx é uma identidade ética, e não racial.

Estou ficando arrependida, dado o meu aparente foco monolítico em relações entre brancos e negros nos Estados Unidos, ainda que eu acredite que o racismo antinegro esteja na fundação de todos os nossos problemas, apesar de nossa etnicidade. Mas ainda tenho perguntas, e o jeito de conseguir respostas é suportar as correções dela. Então desacelero para não cometer os mesmos erros. Se não entendo as coisas errado, quero que elas sejam diferentes de antes. Uma parte de mim se pergunta se latinx que se identificam como brancos no poder (isso é um oximoro?) não estão em conluio com o

Louis C.K.

Sou um cara sortudo. Tem várias coisas acontecendo comigo. Sou rico. Sou relativamente jovem. Sou branco, e dou graças a Deus por essa merda, cara. É algo que nos põe muito pra cima. Você tá de brincadeira? Meu Deus, eu amo ser branco. De verdade. É sério, se você não é branco, você está perdendo, porque essa merda é totalmente boa. Deixando bem claro que, no fim das contas, não estou dizendo que pessoas brancas são melhores, estou dizendo que ser branco é obviamente melhor. Quem poderia discutir? Se houvesse uma opção, eu renovaria todo ano. Ah, sim, quero ser branco outra vez. Eu tenho gostado bastante. Continuo com o branco, obrigado.

James Patrick Connolly

No ano 2050, pessoas brancas não serão mais a maioria nos Estados Unidos; em Los Angeles é tão 2005.

Mas eu cresci com diversidade, quer dizer, eu mesmo por acaso sou metade mexicano. O.k., boa ideia, deem um tempo, me encarem o tempo que vocês precisarem. Eu sei, nada parece mais latino do que James Patrick Connolly...

Há um motivo pelo qual não subo no palco e faço piadas sobre ser branco. E eu tenho fortes convicções sobre isso, porque acho que pessoas brancas já sofreram o suficiente neste país. Nós costumávamos ganhar torneio de golfe com tacadas de cem jardas. Houve um tempo em que um menino branco pensava que, quando crescesse, um dia ele poderia ser presidente dos Estados Unidos.

establishment branco para distanciar os americanos das particularidades das etnicidades de vários latinx? Alianças intersecionais com um segmento da população que em geral é multirracial e que são assimiladas rapidamente pelo casamento inter-racial são realmente possíveis? Eu me lembro da minha surpresa quando descobri que o infame Louis C. K. era descendente de mexicanos, judeus húngaros e irlandeses. Enquanto expunha algumas coisas, ele parecia reticente em expor outras. A identidade multirracial dele não era parte recorrente de sua rotina, diferente do também comediante James Patrick Connolly, que também é parte mexicano.

Eu me pergunto se minha nova amiga vê o desenvolvimento de nossa amizade como um fardo, dado que, para compartilhar sua vida, ela tem que me dar as ferramentas para conhecê-la. Como me responsabilizo pela minha ignorância?

Por um lado, tenho uma amiga que, como afropessimista, argumenta que latinx e asiáticos são os "sócios minoritários" numa administração nacionalista branca, por outro, sei que a verdadeira solidariedade tem sido um descuido pessoal da minha parte desde que meu olhar está focado nas pessoas negras mortas e tratadas como alvos, incapazes de apenas viver, embora essa existência limitada e vigiada também seja verdadeira para muitas pessoas latinx.

Eu sei dessas coisas, mas frases como "Se ele me convidasse para um enforcamento público, eu estaria na primeira fila", proferida pela senadora do Mississippi Cindy Hyde-Smith enquanto fazia campanha do segundo turno de uma eleição contra o oponente democrata afro-americano Mike Espy, o "cala a boca e dribla" de Laura Ingraham endereçado a LeBron James e, e, e, isso me vem à mente enquanto tento encontrar esta amiga onde ela está. Talvez eu devesse estar pensando no Controle Alfandegário e de Imigração (Immigration and Customs Enforcement — ICE), ou nas ameaças de revogarem a DACA, ou em campos de concentração que se passam por centros de detenção, ou em comentários "países de merda", ou em

* Capa do jornal *Los Angeles Times* de 20 de fevereiro de 1946 informa a aprovação de lei que garante direitos iguais para crianças mexicanas que vivem nos Estados Unidos, acabando com a segregação escolar vigente.

momentos históricos como o linchamento de mexicanos pelas multidões de supremacistas brancos na Califórnia ou nas humilhações constantes e no dano psíquico imenso que levariam alguém como Sammy Sosa a clarear a pele: "É um creme clareador que aplico antes de ir para a cama e clareia o tom da minha pele". É difícil separar suas palavras do ódio profundo que nossa cultura tem pela negritude.

Eu honestamente sinto mesmo o grau de aflição em relação a pessoas latinx que sinto pelas pessoas brancas, dado que todas as pessoas de cor vivem sob o controle da supremacia branca e o poder legislativo do governo continua nas mãos de pessoas brancas? Obviamente não, e ainda assim...

Eu ouço ambas, a exasperação e a paciência, na voz da minha nova amiga enquanto ela diz tudo isso. Ela me lembra de que ninguém falou muita coisa quando o presidente chamou os mexicanos de estupradores. Imploro que ela diferencie as conversas privadas, mas na escrita pública eu fiz isso, não tem discussão. Depois ela me lembra da população crescente nas comunidades latinx nos Estados Unidos, uma declaração apoiada por Antonio Flores. O Pew Report feito por ele, "How the U.S. Hispanic Population Is Changing" [Como a população hispânica nos Estados Unidos está mudando], afirma que "a população latina nos Estados Unidos alcançou quase 58 milhões em 2016 e tem sido o principal motivo do crescimento demográfico dos Estados Unidos, responsável por metade do crescimento populacional desde 2000... Em 2016, hispânicos representavam 18% da população e eram o segundo grupo mais étnico ou racial depois dos brancos... Eles também são o segundo grupo étnico ou racial em velocidade de crescimento, com uma taxa de crescimento de 2% entre 2015 e 2016 comparada a uma de 3% entre os asiáticos".

Além disso, o slogan da campanha presidencial de Obama em 2008, *Yes, we can!*, encontra raízes em *Sí, se puede!*, lema que era marca registrada da United Farm Workers of America [União dos Trabalhadores Rurais da América], fundada por Cesar Chavez, Dolores Huerta,

SÍ SE PUEDE!

Notas e fontes Elizabeth Martínez, em um debate com Angela Y. Davis, "Coalition Building Among People of Color" [Construindo coalização entre pessoas de cor], no Centro de Estudos Culturais da Universidade da Califórnia-Santa Cruz: "Há várias formas de trabalharmos juntas. A coalizão é uma, a rede é outra, a aliança é mais uma. E elas não são a mesma coisa; algumas são de curto prazo, outras são de longo prazo. Uma rede não é o mesmo que uma coalizão. Uma rede é algo mais permanente, algo contínuo. Acho que temos que olhar para nossas demandas e perguntar: que tipo de união nós precisamos para vencer essas demandas? E se vocês conhecem o governo, vão escolher os grupos um a um, então o maior guarda-chuva que puderem conseguir é provavelmente o melhor. Algumas das respostas às suas perguntas são táticas e dependem das circunstâncias. Mas a ideia geral é que nenhuma competição por hierarquia deve prevalecer. Nada de 'olimpíadas da opressão!'".

YES WE CAN!

Gilbert Padilla, Larry Itliong e Philip Vera Cruz — um fato que
Obama sem dúvida conhecia, e uma votação expressiva em bloco
dependia de uma estratégia intersecional de campanha.

Entretanto, o que eu e a artista queremos, quer concordemos ou
não, tem pouco a ver com quem somos individualmente, e tudo a
ver com os nossos desejos de possibilidades para nossas vidas.

Envio o que já tinha escrito para uma outra amiga que é multirracial.
Ela me pergunta se eu tinha lido *Brazilian Is Not a Race* [Brasileiro
não é uma raça], de Wendy Trevino. Sim, eu digo, e cito os versos:
"Nós somos quem somos/ Para eles, mesmo quando nós não sabe-
mos o que nós/ somos um para o outro & cultura é um/ registro de
nós descobrindo isso". Essa outra amiga, uma mulher muçulmana
de ascendência mexicana e persa, não se vê muito na conversa que
tive com a artista. Ela disse:

*Então, depois de ler sua conversa com essa artista, eu me peguei pensando
no meu próprio posicionamento, enquanto uma mulher de cor que não
é negra e que estuda cultura negra. Eu também estou pensando sobre as
conversas que tive com outros estudantes da pós-graduação no meu de-
partamento. Algumas dessas pessoas são brancas, outras são negras e al-
gumas são inter-raciais como eu. Essas conversas podem ser tão carrega-
das até em comunidades acadêmicas quando falamos sobre o que também
acontece conosco (quem somos nós? qual nós?), sem sermos capturados
pelo que nós entendemos por "as olimpíadas da opressão".*

*Penso nas muitas conversas que tive com uma amiga que, assim como eu,
é muçulmana e de cor e não é negra e estuda história negra, e nas nos-
sas experiências com preconceito e racismo — como aquelas experiências
se encaixam no trabalho que fazemos? De uma forma muito profunda
aquelas experiências nos levaram a fazer o nosso trabalho — existe uma
obrigação que sentimos em relação a esse trabalho que trata deste país no
qual estamos, e está baseado nele.*

Uma coisa sobre a qual nós falamos várias vezes é que a islamofobia nos pegou tão desprevenidas — inclusive entre aqueles da nossa área que são negros, apesar de tudo. Às vezes isso acontece quando as pessoas não percebem exatamente quem nós somos, e o sentimento sempre é de decepção. Eu não sei o que fazer com esse sentimento, ou como sempre falar dele abertamente sem soar como se eu estivesse jogando na olimpíada da opressão — fico inquieta porque não é isso o que eu quero fazer, e nem sempre sei em qual grau eu deveria esperar uma reciprocidade de compreensão. Ou: em que medida eu deveria ser tão paciente quanto tento ser.

Penso que existe uma extensão na qual nossa americanidade torna possível para nós pensar sobre essas coisas como se elas fossem abstrações. Para pessoas em outros países, no fim do dia, ser uma cidadã americana significa um imenso privilégio.

Quando acordo no meio da noite, sento na minha mesa e a expressão da minha amiga "reciprocidade de compreensão" me volta à mente. É disso que estamos atrás? As conversas são sempre caminhos para uma troca de compreensões? Quando estou sozinha no escuro, as apostas me parecem mais baixas e talvez mais alcançáveis do que dizer alguma coisa como "empatia entrelaçada", que é o que uma amiga minha filósofa defende. Para ela, empatia entrelaçada não é um sentimento, mas uma perspectiva segundo a qual você se reconhece dentro de um conjunto de relações complicadas. Mas qual é o sentimento? O que acontece quando "reciprocidade" é um comando? Eu entendi, portanto, devo. A defensiva que se apresenta é demasiado humana, mas há um momento ou uma sentença depois de qualquer reação de vulnerabilidade? Talvez nosso trabalho social se torne nossa tentativa de estar em relação. Conversas poderiam ser redefinidas de tal forma.

O que significa querer que uma coisa mude e então se sentir maltratada por essa mudança? Eu não tenho certeza. A compreensão é mudança? Não tenho certeza.

O poeta e dramaturgo Samuel Beckett disse uma vez que escrever *Esperando Godot* era uma maneira de encontrar "uma forma que acomodasse o caos". As conversas são acomodações?

Talvez palavras sejam como cômodos; elas criam espaços para as pessoas. Cara, estou aqui. Nós estamos aqui.

Você está aqui. Ela está aqui. Eles estão aqui. Ele está aqui. Nós também vivemos aqui. Ele também come aqui. Ela também anda aqui. Elas também fazem compras aqui. Cara! Vamos lá. Vamos lá.

meninos sempre serão meninos

Texto *Ambos são brancos e a mulher poderia ter saído de uma propaganda da Ralph Lauren: cabelo pintado de loiro, sapatos Gucci, calças capri e um suéter. As roupas são para sinalizar a raça por meio da classe. Nós vimos versões dessa mulher tantas vezes antes que o "atemporal" parece datado. O homem tem mais de 1,80 de altura e está bem-arrumado usando calças cáqui...*

Notas e fontes Tom Reichert e Tray LaCaze analisaram 237 anúncios da Ralph Lauren na *GQ*, de janeiro de 1980 a dezembro de 2000, codificando-os como *"country club"* se eles apresentassem "cenas e modelos que exibissem uma associação com riqueza, influência, e modelos caracterizadas de forma luxuosa usando blazers, casacos, ou aparições simples, participando ou assistindo a jogos de polo, iatismo, atividades equestres, vela e atividades formais". Há muitas evidências de que a política de classe da Ralph Lauren foi central para a marca em sua concepção (ver também *Ralph Lauren*, a história em livro nas palavras de Lauren). Anúncios clássicos que falam do papel da Ralph Lauren em definir a imagem do estilo das classes mais altas nos Estados Unidos incluem o anúncio para um *revival nouveau riche* dos Hamptons nos 1980 e uma campanha publicitária para o perfume Safari ambientada no que o autor chama vagamente de cenário imperial.

Do artigo de G. Bruce Boyer de 1987 para o *New York Times*, "Khaki": "Fora da Índia, as primeiras tropas a adotarem o cáqui (do híndi *khak*, que significa "cor da areia") foram as 74ª Infantaria, um regimento escocês que usou túnicas cáqui com suas calças quadriculadas durante a Guerra Xhosa Sul-Africana (1851-3). Desde então, o cáqui desempenhou um papel contínuo nas Forças Armadas. Por volta do fim do século XIX, uma tintura cáqui foi patenteada, e o tecido era de uso geral em tropas do Exército Britânico em atividade. Em 1898, soldados americanos a usaram pela primeira vez na guerra Hispano-Americana. O uso de cáqui por civis também se deve aos soldados: depois da Segunda Guerra Mundial, veteranos que voltaram para a faculdade trouxeram suas calças cáqui para o campus [...]. Combinadas com mocassins, camisa oxford e um suéter amarrado em volta do pescoço, as calças cáqui ganharam um certo estilo... Quando veio o advento do estilo Ivy League dos anos 1950, cáqui já era a cor padrão para tudo, camisas sociais, gravatas, pulseiras de relógios, sapatos de camurça e cintos".

O agente no portão avisa que estamos prontos para embarcar. Um homem olha em volta. Uma mulher vem correndo. Ela entra na fila atrás do homem que estava procurando por ela. Ele parece ver apenas ela enquanto pergunta duramente: "Você é idiota?".

A palavra "idiota" cumpre um abuso retórico que faz todos os olhos no entorno se voltarem para o casal. Entre eles a palavra é absorvida sem muito mais que um olhar. Ambos são brancos e a mulher poderia ter saído de uma propaganda da Ralph Lauren: cabelo pintado de loiro, sapatos Gucci, calças capri e um suéter. As roupas são para sinalizar a raça por meio da classe. Nós vimos versões dessa mulher tantas vezes antes que o "atemporal" parece datado. O homem tem mais de 1,80 de altura e está bem-arrumado usando calças cáqui, que eram originalmente associadas ao subúrbio classe média dos anos 1950. Ele pode ser lido como classe média até classe média alta, mas quem sabe?

A falta de resposta da mulher à pergunta do homem pode ser uma forma de proteção para ela ou para o homem. Talvez ela não queira chamar a atenção para um momento infeliz ou comum entre eles. Talvez a pergunta pareça uma infração menor, dado o que mais continua possível. Talvez ela concorde com a avaliação dele sobre seu comportamento. Não há como saber.

De pé atrás desse casal, está uma outra mulher branca. Esta mulher lança um olhar para o homem, que capta sua atenção. Alguns de nós a vemos fazer isso, e vemos ele reagir. Ele lhe diz algo inaudível. Ela, assim como a companheira dele, não responde.

Ainda estou questionando o que ouvi quando me acomodo no meu assento. Eu me dei conta desse momento e me virei para o casal só depois de ouvir o tom de voz do homem. Estranhamente, estou em busca de palavras que rimem com idiota. Nota. Agiota. Marmota. Canhota. Nesse instante, a mulher com olhos expressivos passa por mim.

Texto *Tenho assistido a pessoas brancas reduzirem pessoas negras não apenas a uma única pessoa, mas a uma única negra imaginária...*

Notas e fontes Em 1996, Hillary Clinton usou a expressão "superpredador" num discurso. Um ano antes, o acadêmico John J. Dilulio escreveu um artigo ("diatribe" talvez seja o termo mais adequado) usando esse termo na *Weekly Standard*, prevendo, junto de outros comentadores, um aumento massivo de crimes cometidos por adolescentes (curiosamente, Dilulio descreve ter ido à Casa Branca e conversado com o presidente Clinton no texto). Ele desenvolveu a ideia do superpredador numa teoria no livro *Body Count: Moral Poverty — and How to Win America's War against Crime and Drugs* [Contagem de corpos: Pobreza moral — e como vencer a guerra dos Estados Unidos contra o crime e as drogas]. Um pouco depois desses incidentes, as leis de sentenciamento criminal para crimes cometidos por adolescentes se tornaram mais duras em todo o país. De acordo com o *New York Times*, o conceito de superpredador "energizou um movimento, um estado após o outro aprovaram leis que possibilitavam julgar crianças de treze ou catorze anos como adultos... Muitas centenas de adolescentes foram condenados à prisão perpétua". Para uma análise mais recente desse tipo de lógica, ver o texto de Alex Vitale no *New York Times*, "The New 'Superpredator' Myth" [O novo mito do "superpredador"]. Ver também a audiência no Senado no meio dos anos 1990 na qual Dilulio testemunha sobre o sistema carcerário para Joe Biden, entre outros.

Texto *Tudo isso não teria importância se essa mesma categoria de pessoas brancas não estivesse desenvolvendo exames, escrevendo provas, dando notas nas provas, financiando escolas, aprovando empréstimos bancários...*

Notas e fontes Escrevendo provas e dando aulas: A maioria dos professores americanos é branca. De acordo com dados do National Center for Education Statistics [Centro Nacional de Estatísticas sobre Educação] relativos a 2015-2016, 81% dos professores da escola pública e 71% dos professores de escolas públicas semiautônomas, no nível fundamental e médio, são brancos. No nível universitário, as informações governamentais mais recentes são que 76% dos docentes com dedicação exclusiva cuja raça é conhecida são brancos. Financiando escolas: Ver o trabalho de Nikole Hannah-Jones, incluindo "Segregation Now" [Segregação agora], para a ProPublica, "The Resegregation of Jefferson County" [A ressegregação do condado de Jefferson], para o *New York Times*, e "The Problem We All Live With" [O problema com o qual todos nós vivemos], em *This American Life*. Aprovação de empréstimos bancários: De acordo com dados de 2018 do Bureau of Labor Statistics [Escritório de Estatísticas Trabalhistas], 85,5% dos conselheiros de crédito e agentes de empréstimo são brancos. Contratando, demitindo e rebaixando: Um estudo de 2006 do Institute of Research on Labor and Employment [Instituto de Pesquisa sobre Ttrabalho e Emprego] revelou que ter um gerente branco em vez de um negro diminuía a possibilidade de um(a) funcionário(a) negro(a) ser promovido(a) e aumentava a chance dele/dela ser demitido(a): "Esta pesquisa analisa dados cruzados de uma grande empresa de varejo

Pergunto a ela se o homem realmente disse "Você é idiota?". Ah, sim, ele disse, ela responde antes de seguir em frente. Todos nós vamos para o Sudoeste. A audiência de confirmação de Brett Kavanaugh domina a psique e a conversa nacional.

Normalmente, eu jamais diria que um homem branco em particular representa os homens brancos, porque sei muito bem. Tenho assistido a pessoas brancas reduzirem pessoas negras não apenas a uma única pessoa, mas a uma única negra imaginária, um animal imaginário, uma coisa imaginária, um ignorante imaginário, uma depravação imaginária, uma criminalidade imaginária, um agressor imaginário, superpredador, prostituta imaginária, rainha do bem-estar social imaginária, fazedora de bebês imaginária, ser inferior imaginário que necessita de tudo o que pertente às pessoas brancas, inclusive o ar e a água, enquanto roubam tudo que pertence a pessoas brancas incluindo o ar e a água, e por aí vai até um ninguém imaginário. Tudo isso não teria importância se essa mesma categoria de pessoas brancas não estivesse desenvolvendo exames, escrevendo provas, dando notas nas provas, financiando escolas, aprovando empréstimos bancários, vendendo propriedades, fazendo leis, desencorajando eleitores, definindo sentenças, avaliando dores, dando aulas, criando e perpetuando narrativas da casa-grande, contratando, demitindo, rebaixando, matando o eu imaginário.

A branquitude institucional tem estereotipado a negritude e usado essa imagem específica como justificativa para matar. Dado esse processo, se o que se quer é uma mudança sistêmica, "as ferramentas do senhor nunca derrubarão a casa-grande", como a poeta Audre Lorde teve a paciência de nos dizer. Consequentemente, estou vigilante para que este homem branco não represente os homens brancos. Estou tentando mantê-lo como alguém singular com quem não tenho encontrado nesse tipo de interação em meus não lugares há um bom tempo. Se não fosse pelo nosso presidente, o juiz da Suprema Corte Kavanaugh e o movimento #MeToo, eu, ainda que por

nacional com centenas de lojas localizadas por todo os Estados Unidos. A amostra de dados contém as fichas de recursos humanos da empresa de mais de 1500 gerentes de lojas e mais de 10 mil empregados durante um período de trinta meses entre 1996 e 1998". Matando: Exemplos recentes de pessoas brancas que mataram pessoas negras e descreveram suas vítimas em termos não humanos incluem Darren Wilson, que disse, referindo-se a Michael Brown: "Quando eu o agarrei, o único jeito que posso descrever é que me senti como um menino de cinco anos segurando Hulk Hogan… E depois que ele fez aquilo, olhou para cima, para mim e tinha a expressão mais intensa e agressiva. A única maneira como posso descrever é que parece um demônio, de tão furioso que ele parecia".

associação, poderia não estar cautelosa ao relacionar esse tipo de linguagem abusiva a padrões demonstrados por aqueles que representam o poder institucional; mas este é o momento atual.

Você é idiota? Não é uma pergunta que estou acostumada a ouvir de uma pessoa adulta direcionada a outra pessoa adulta — pelo menos não entre aqueles com quem convivo. Todos nós, de pé em torno daquele homem, recebemos um pedido de nos contermos e normalizarmos o abuso que estava sendo lançado sobre essa mulher específica por aquele determinado homem. Durante o voo de quatro horas, apesar de meus melhores esforços, minha mente se alterna entre Kavanaugh e o homem. Penso em sinônimos para a palavra idiota, como a palavra estúpida.

O termo grego *idiōtēs* significa "indivíduo comum, leigo, pessoa ignorante", de *idios*, que significa "individual, próprio". Penso se talvez o casal tenha sentido que a interação deles era privada, embora estivessem em público. Em algum nível isso parece verdadeiro para todas as conversas em espaços públicos.

Pelo sistema de som da aeronave, a comissária de bordo pergunta se há algum médico no avião. Alguém está passando mal num assento no fundo da aeronave. Um médico corre com uma máscara de oxigênio e um aparelho de medir pressão sanguínea. O que estiver acontecendo, acontece atrás de mim. Estou observando a comissária de bordo para monitorar a preocupação dela. Ela continua oferecendo drinques e brincando com os passageiros. Da perspectiva dela, o que quer que esteja acontecendo não é extremo. Ela pode passar por isso sem modificar sua rotina.

Quando pousamos em Phoenix, somos solicitados a permanecer sentados até que o paciente que passou mal fosse retirado da aeronave. Os paramédicos entram no avião e saem quase imediatamente com a mulher que deu aquela olhada para o homem. Ela passa pela porta aberta, mas não sem antes parar e me dizer: "Isso é constrangedor".

"Cuide-se", eu digo, embora não possa fazer nada além de me perguntar se ela está bem. Eu quero saber o que o homem branco lhe disse. Observando-a desembarcar, eu me pergunto se o encontro dela com ele tem relação com seu mal-estar. Algo se tornou insuportável. Existem coincidências? Como ele reagiu a ela? Nunca vou saber.

Assim que desembarco, ligo para uma amiga branca que estava no Capitólio apoiando Christine Blasey Ford, a mulher que acusou Kavanaugh de comportamento abusivo, a mulher que disse em seu depoimento: "A risada é indelével do hipocampo. A risada barulhenta... às minhas custas". Por que esse detalhe me vem à mente? Algo parece perdido... algo com o coração pulsante.

Texto *Sem mencionar — quais meninos podem ser meninos?*

Notas e fontes O Accountability Office [Escritório de Responsabilização — GAO] do governo dos Estados Unidos publicou *Discipline Disparities for Black Students, Boys, and Students with Disabilities* [Disparidades disciplinares para estudantes negros, meninos, e estudantes com deficiência] em 2018. De acordo com a análise do GAO, no ano escolar 2013-4, "alunos negros correspondiam 15,5% de todos os alunos da rede pública, mas representavam cerca de 39% dos alunos suspensos da escola". O Sentencing Project [Projeto de Sentenciamento] relatou que, "em 2001, as crianças negras tinham quatro vezes mais chances de serem encarceradas do que crianças brancas". Mas em 2015, crianças negras tinham cinco vezes mais probabilidade de serem encarceradas que as crianças brancas. De acordo com um relatório da Associação Nacional de Assistentes Sociais, *The Color of Juvenile Transfer* [A cor da transferência de jovens infratores], "jovens negros são aproximadamente 14% da população total de adolescentes, mas são 47,3% dos jovens que são transferidos para tribunais adultos por juízes de cortes juvenis que acreditam que esses jovens não podem ser beneficiados pelo serviço de seus tribunais. Jovens negros são 53,1% dos jovens transferidos por ataques pessoais, apesar do fato de que jovens negros e brancos representam uma porcentagem igual de acusados de ataques pessoais, 40,1% e 40,5% respectivamente, em 2015". Uma pesquisa de 2014 feita por cinco psicólogos, *The Essence of Innocence: Consequences of Dehumanizing Black Children* [A essência da inocência: Consequências da desumanização de crianças negras], encontrou "evidências convergentes de que meninos negros são vistos como mais velhos e menos inocentes, e que eles evocam uma concepção menos essencial de infância do que crianças brancas da mesma idade. Além disso, nossos resultados demonstram que a associação entre negros/macacos previu disparidades reais na violência policial em relação às crianças". Casos individuais bem conhecidos de meninos sendo abordados ou presos violentamente sem motivo:

- Brennan Walker
- Tamir Rice
- Trayvon Martin
- Kalief Browder

Minha amiga atende o celular com a única pergunta importante: Você está bem? Eu, sim, estou bem, digo antes de contar a ela sobre o casal e a mulher no avião. Pergunto se mulheres são menos tolerantes com comportamentos abusivos dos homens no nosso atual clima político. Ela diz que muitas mulheres no protesto estavam usando camisetas "MULHERES POR KAVANAUGH". Às vezes elas tinham cartazes pedindo "Julgamento justo" e "Protejam nossos filhos". Ela me conta que numa entrevista para televisão depois da audiência, mulheres e mães disseram: "Meninos sempre serão meninos".

Como os maridos delas de repente também são meninos desafia uma certa lógica, mas tanto faz. Elas não têm filhas? Pergunto. Essas filhas não têm importância? Faço essas perguntas mesmo sabendo que o que importa é a riqueza, o poder e o acesso que a proximidade deles permite, seja real ou aspiracional, no escritório ou no altar. Sem mencionar — quais meninos podem ser meninos? Começo a pensar que não é tão simples, mesmo sabendo que num determinado nível a aparente simplicidade disso mantém a dinâmica de poder em funcionamento.

liberdades cúmplices

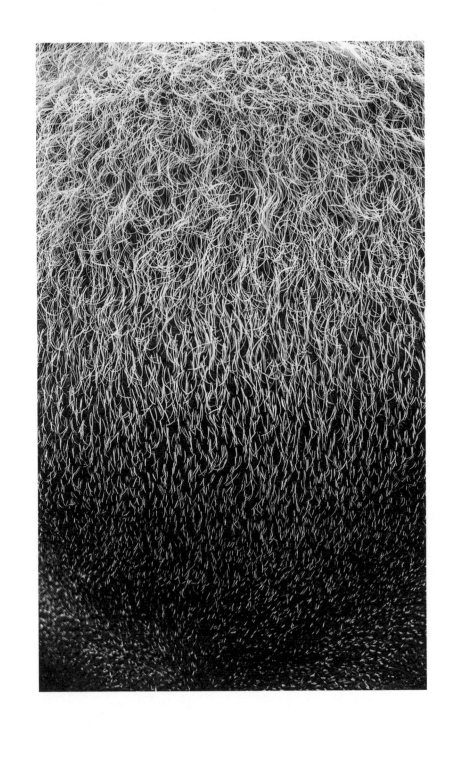

O que acabou com a formalidade do jantar foi o reconhecimento de que, quando alguém falou na outra ponta da longa mesa, todo mundo ouviu uma única conversa envolvendo a convidada. Isso significa que toda a lista de convidados escutou quando a mulher me perguntou o que dizer para suas alunas negras que pintam seus cabelos de loiro.

Era incomum eu me ver nesses eventos acadêmicos numa mesa povoada de pessoas de cor, mas aqui estava eu num jantar formal que tentava se passar por uma reunião íntima, cercada por outras mulheres negras e alguns homens negros. Às vezes, esses jantares eram uma oportunidade para os docentes se visitarem, falarem de seus filhos, se atualizarem sobre o terror em seus departamentos ou sobre as pequenas coisas tratadas com discrição nas atividades aleatórias do dia. Mas às vezes esses jantares eram entrevistas disfarçadas, encaixadas na hora da refeição.

A professora não disse o nome do seu curso, mas imagino uma sala cheia de negras loiras numa aula intitulada A história dos movimentos Black Power, ou Angela Davis a Audre Lorde a Kimberlé Crenshaw: Políticas da resistência, ou Becky com o cabelo bom:

Texto *Tentei me lembrar do que hooks disse, e a expressão "agir decentemente" me veio à mente, embora não ache que esteja neste ensaio.*

Checagem dos fatos Sim — a expressão não está em "Straightening Our Hair".

Notas e fontes hooks usa expressão no livro *Rock my Soul: Black People and Self-Esteem* [Surpreenda-me: Pessoas negras e autoestima]: "Autorresponsabilidade significa que nós estamos dispostas a 'agir decentemente' e sermos responsáveis por nossas ações, pelo que nós dizemos e fazemos".

A cultura de apontar erros no século XXI. A que me fez a pergunta estava muito atenta e demonstrava em seu rosto carregar a preocupação de que as escolhas capilares de suas alunas fossem um reflexo de seu ser, que está, não coincidentemente, relacionado a como ela dá aula.

Os olhos cor de amêndoa da professora aguardavam uma resposta, e a sala esperava com ela. Eu poderia ter dito que esperamos demais umas das outras, mas isso não é uma resposta. Poderia ter me esquivado da pergunta sugerindo que bell hooks já cobriu muito bem esse assunto em "Straightening Our Hair" [Alisando nossos cabelos]. Tentei me lembrar do que hooks disse, e a expressão "agir decentemente" me veio à mente, embora não ache que esteja neste ensaio.

Em vez de responder, me vi identificando-me com a pessoa repreendida e caindo numa postura defensiva. Perguntei, num tom que sai mais como uma declaração do que uma pergunta, se o abandono da cor natural de seus cabelos é tão importante quanto preservar seus sensos de propósito e liberdade. Qualquer porra desde que elas venham à aula pode ser ouvido por baixo de "Bem, elas não podem ter tudo em sua *vida de loira*", citando Frank Ocean. Perguntei à professora, sendo incisiva com ela, e ela balançou a cabeça do jeito como alguém faz ao citar a primeira emenda da Declaração de Direitos depois de um terrorista supremacista branco querer se mostrar na rua principal de sua cidade. Algumas coisas devem ser mais importantes, não importa a lei, não importam as liberdades individuais — foi isso o que ela não disse em voz alta, mas foi o que seu gesto conseguiu transmitir. O silêncio dela me fez querer tentar de novo e, em todo caso, nós estávamos juntas naquela sala até alguém educadamente voltar a nossa atenção para a sobremesa.

Texto *momento-de-beleza-da-mãe-tia-professora-negra-excepcional-Michelle-Obama-com-cabelos-nos-ombros-alisados-com-Madam-C. J. Walker...*

Notas e fontes Carina Spaulding em "From Brandy to Beyoncé: Celebrity and the Black Haircare Industry Since 1992" [De Brandy a Beyoncé: Celebridades e a indústria de cuidados com o cabelo negro desde 1992], publicado em *African-American Culture and Society After Rodney King: Provocations and Protests, Progression and "Post-Racialism"* [Cultura afro-americana e a sociedade depois de Rodney King: Provocações e protestos, progressos e "pós-racialismo"]: "O crescimento de websites dedicados a cabelo natural tem levado ao que está ficando conhecido como 'movimento do cabelo natural', refletindo assim retoricamente o tamanho de sua crescente popularidade".

Texto *Temos ouvido isso há décadas, embora ninguém estivesse falando especialmente para nós, quero dizer, para mulheres negras, é claro, uma vez que "todas as mulheres são brancas..."*

Checagem dos fatos Sim, expressão do título abaixo.

Notas e fontes *All the Women Are White, All the Blacks Are Men, But Some of Us Are Brave: Black Women's Studies* [Todas as mulheres são brancas, todos os negros são homens, mas algumas de nós somos corajosas], organizado por Akasha (Gloria T.) Hull, Patricia Bell Scott e Barbara Smith.

Talvez em algum lugar sob e apesar de tudo isso — onde o tudo é cada momento-de-beleza-da-mãe-tia-professora-negra-excepcional-Michelle--Obama-com-cabelos-nos-ombros-alisados-com-Madam-C. J. Walker — estivesse a crença irritante de que as loiras têm mais — mais qualquer coisa. Temos ouvido isso há décadas, embora ninguém estivesse falando especialmente para nós, quero dizer, para mulheres negras, é claro, uma vez que "todas as mulheres são brancas…", embora nós, mulheres negras sejamos parte do nós nas conversas sobre gênero que a mídia tem com as mulheres nas propagandas de TV, filmes e anúncios impressos que nos bombardeiam. Cabelo loiro não precisa significar humano, não precisa significar feminino, não precisa significar anglo ou anjo; claramente ele não significa pureza branca, uma vez que a mudança na cor do cabelo não faz ninguém negro, asiático ou branco, neste caso, perder a consciência de seu corpo. Afinal de contas, Aretha Franklin continua, com qualquer cor de cabelo, a mãe do soul.

Todo dinheiro, tempo e possível dano ao cabelo natural enfim empalidece em comparação com o que significa pegar o que está disponível e tê-lo. Liberdades cúmplices. Isso é uma coisa? Talvez a loirice das estudantes seja a ousadia delas diante da propaganda racista preocupada com ideias de beleza. Então as negras loiras estão dentro de uma daquelas equações em que, não importa o que você faz em quaisquer lados do sinal de igual, toda soma resulta em um — este um, o que eu quero. Foda-se você. Eu que me foda. Próximo. Faça o que você quiser! Livre para ver. Livre para conquistar. Livre para fingir. Frívola. Foda-se a coragem. Divirta-se. Que bela merda.

A menos, é claro, que seja um jogo de soma zero, e qualquer que seja o caso, a equação seja igual a zero e continuemos aqui, nesses Estados Unidos da América, ainda na linha, ainda cúmplices, por baixo de todas as nossas escolhas, dentro da nossa falsa soberania.

Então uma pergunta que também é uma resposta me veio à mente: O que Frantz Fanon diria? Eu perguntei à professora. Ela riu, o que me agradou, porque agora parecia que tinha esquecido de carregar

Texto *... quero muito que todos nós tenhamos um tipo de metaperspectiva de humor em torno de tudo o que se mistura com nossos tropeços em escapar do que Fred Moten chama de "a luta falsa pela nossa humanidade", que durou os últimos quatrocentos anos e não é a mesma coisa que lutar pelos nossos direitos civis.*

Notas e fontes Uma fonte original em Jamestown — "Ele não trouxe nada além de vinte pouco negros" — e uma matéria do *Washington Post*. Para uma crítica de 1619 a 1864 como paisagem temporal da escravidão e conceitualizações alternativas, ver *Perder a mãe: Uma jornada pela rota atlântica de escravos*, de Saidiya Hartman, e *In the Wake*, de Christina Sharpe: "O despertar como moldura conceitual de e para uma vivência da negritude na diáspora nos desdobramentos ainda subsequentes da escravidão Atlântica".

tudo aquilo por alguns segundos. Pode ser um defeito eu querer que as pessoas percam sua falta de senso de humor, mas também quero muito que todos nós tenhamos um tipo de metaperspectiva de humor em torno de tudo o que se mistura com nossos tropeços em escapar do que Fred Moten chama de "a luta falsa pela nossa humanidade", que durou os últimos quatrocentos anos e não é a mesma coisa que lutar pelos nossos direitos civis.

A minha preocupação é a de que já estamos morrendo — quero dizer, já estamos mortos num mundo social que persiste ao lado das vidas que vivemos — enquanto nos engajamos com histórias da carochinha de uma luta interminável pela justiça. Ou pode ser que as alunas tenham se desinvestido da performance da negritude excepcional, uma performance que nunca irá nos salvar das ações da branquitude comum, e optaram pela apropriação reversa com toda a sua artificialidade e performatividade.

Texto *Mencionei Fanon, cujos escritos psicanalíticos abordam o racismo antinegro internalizado, para insinuar que eu tinha entendido a preocupação da professora de que essas mulheres estivessem se enchendo cegamente de auto-ódio por suas peles negras e cabelos naturais.*

Checagem dos fatos Sim — citações de Fanon sobre beleza, branquitude e racismo abaixo.

Notas e fontes "Sou branco, quer dizer que tenho para mim a beleza e a virtude, que nunca foram negras. Eu sou da cor do dia…" *Peles negras, máscaras brancas*, tradução de Renato da Silveira.

"Toda essa brancura que me calcina… Sento-me perto da fogueira e encontro minha libré. Não a tinha percebido antes. Ela é realmente feia. Mas atenção, pois quem saberá me dizer o que é a beleza?!" *Peles negras, máscaras brancas*, tradução de Renato da Silveira.

"Eu sou um branco. Ora, inconscientemente, desconfio do que em mim é negro, isto é, da totalidade do meu ser. Sou um preto — mas naturalmente não o sei, visto que o sou." *Peles negras, máscaras brancas*, tradução de Renato da Silveira.

Talvez nós estejamos no estágio mais alto do autojulgamento, tão empacadas, julgando e sendo julgadas, que claro que não tem graça, e isso também me dá medo. Isso me dá mais medo do que loiras de farmácia e o que a loirice deveria significar, se deveria significar algo além do conhecimento, algo sobre a naturalidade do ser, e não simplesmente mascarar o auto-ódio e a baixa autoestima. A preocupação é que essa cor de cabelo em particular prometa "o mundo" para essas mulheres, embora não possa dá-lo. Loiras negras acreditam que ela lhes permite serem vistas, talvez serem vistas pela primeira vez como humanas, joviais, bonitas, humanas e — eu disse humanas? — mais tragicamente pelos seus próprios olhos?

Mencionei Fanon, cujos escritos psicanalíticos abordam o racismo antinegro internalizado, para insinuar que eu tinha entendido a preocupação da professora de que essas mulheres estivessem se enchendo cegamente de auto-ódio por suas peles negras e cabelos naturais. Eu queria mostrar a ela as imagens da artista visual Carrie Mae Weems, em que Weems olha bem para o proverbial "espelho, espelho meu" embora ela esteja usando um de mão. A professora poderia pendurar a imagem na sala de seu seminário. A obra se chama *I Looked and Looked and Failed to See What So Terrified You* [Eu olhei e olhei e falhei em ver o que te aterrorizava tanto]. Eu não perguntei à professora se ela conhecia a obra, embora o seu título pudesse ter respondido à sua pergunta. Ou a questão de Weems poderia ter levado a uma discussão na sala de aula sobre descolorir ou não descolorir o cabelo. Afinal, tudo depende do que acontece ou está acontecendo atrás dos olhos vigilantes da professora e de suas alunas enquanto elas assimilaram e metabolizaram as repetições em nossa cultura.

A preocupação da professora, imagino, era de que a cultura tenha ferido suas alunas apenas de nossas — mulheres negras de meia-idade — melhores práticas, e esforços com nossos cabelos naturais. Por extensão, nós mulheres negras mais velhas estamos exaustas, uma vez que as mais jovens são nossas filhas, não literalmente, e apesar de toda a nossa retórica *Black is Beautiful,* profundamente arraigada em

nosso falso senso de soberania, pode restar uma visão limitada de vigilância branca sobre a feminilidade negra.

A professora balançou a cabeça outra vez quando eu disse que era importante as alunas fazerem o que quiserem até entenderem por si mesmas o que elas não querem. Sou uma mãe, mas também sou uma filha com memória. Alguém do outro lado da mesa disse que usava salto alto ainda que machucassem seus pés. O.k. Algumas de nós, não, comentou outra mulher, e eu não posso deixar de pensar que existe uma história anterior que eu nunca saberei. Saltos altos versus rinoplastias? Coisas diferentes? Os saltos pertencem à vida aspiracional da feminilidade ou são aculturação branca? Rinoplastias são uma forma de assimilação? Clareamento de pele é claro em relação ao seu objetivo de embranquecer o tom de pele, mas e a loirice?

Será a loirice, o salto, a rinoplastia, o clareamento de pele, ou nenhum deles? Esta cultura nos fez, e tão erradas ou tão certas quanto possamos estar, sabemos que sempre tem alguém olhando. Amém, eu não disse isso, enquanto quatro homens chegaram com bandejas de bolo, o sorvete de baunilha derretendo no chocolate amargo. Embora a vida não seja sempre tão doce.

Eu ainda estava pensando na professora e na pergunta dela enquanto esperava por um amigo numa galeria. Para passar o tempo, contei o número de mulheres à minha volta que eram loiras de farmácia: Loiro natural; Loiro Branco; Platinado; Loiro Prateado; Loiro Amanteigado; Loiro Raiz; Luzes douradas; Loiro Leitoso; Loiro Arenoso; Californianas platinadas; Loiro Mel.

Quando meu amigo chegou, disse a ele que contei uma dúzia de mulheres que pintavam os cabelos de loiro. Ele se lembrou que seu cabeleireiro comentou uma vez que muitas mulheres ficavam loiras para seus casamentos. Depois que as fotos da cerimônia as encerravam na beleza eterna, elas voltavam à cor natural.

Texto ... *"modelo da beleza feminina"*...

Notas e fontes Sobre a associação entre cabelo loiro e beleza ver o capítulo "The Ideal Woman", de Penny Howell Jolly, e em menor medida "Hair Power", no livro *Hair: Untangling a Social History* [Cabelo: Desembaraçando uma história social]. Veja o primeiro capítulo para o relato do ideal loiro ao longo da história europeia e americana, começando no período medieval: "Dois ideais relacionados aos cabelos das mulheres tiveram uma longevidade notável na sociedade ocidental: que deveriam ser longos e que sua cor deveria ser loiro... Escritores da Renascença italiana também estabeleceram a loira como a mulher perfeita, sua brancura, expressão de inocência e pureza. É claro que esse era um ideal difícil para as mulheres italianas com cabelos predominantemente castanhos alcançarem. Mesmo hoje, em nosso país, com sua ampla mistura étnica, não mais que 17% das mulheres são loiras naturais. Acompanhando as fontes clássicas e medievais favorecendo a loirice, no século XIV, o poeta Petrarca expressou a preferência por cabelos loiros que prevalece ao longo da tradição moderna ocidental. Louvando sua amada Laura, ele escreve sobre 'Aquelas tranças de ouro, que poderiam fazer o sol se encher de inveja'".

Texto *De acordo com o* Anglo-Saxon Dictionary *de Bosworth-Toller, "beblonden" é uma palavra no inglês antigo para "pintado".*

Checagem dos fatos Talvez. Múltiplas fontes dizem que a etimologia da palavra "blond" é incerta, mas várias mencionam "beblonden" como uma possível origem.

Notas e fontes Há duas fontes principais de lexicografia de inglês antigo — Bosworth-Toller e o mais recente *Dictionary of Old English* publicado pela Universidade de Toronto.

De acordo com uma troca de e-mails com um pesquisador, "a palavra 'beblonden' [...] não parece ser usada em nosso corpus de inglês antigo (que contém mais de 3 milhões de palavras do inglês antigo ainda existentes). Com base nessas observações, parece que 'beblonden', embora esteja incluída no dicionário Bosworth-Toller, é uma das palavras fantasmas sem sólida evidência que prove sua existência".

Texto ... *a jornalista Christina Cauterucci relatou: "Apenas 2% da população mundial e 5% da população dos Estados Unidos têm cabelo loiro, mas 35% das senadoras e 48% das mulheres no cargo de CEO em empresas da S&P 500 são loiras. A probabilidade de reitoras de universidades serem loiras também é maior".*

Checagem dos fatos Talvez — a citação é exata, mas veja abaixo.

Notas e fontes Berdahl: "O percentual de mulheres senadoras e CEOs com cabelo loiro pode ter mudado desde que publicamos aquelas estatísticas em 2016".

O cabelo loiro tem sido associado a tudo, da prostituição ao "modelo da beleza feminina", mas desde o princípio ele sempre foi raro, então a palavra loiro pode se referir à cor natural e ao efeito de descolorir o cabelo. De acordo com o *Anglo-Saxon Dictionary* de Bosworth-Toller, "beblonden" é uma palavra no inglês antigo para "pintado". Antes da colorização de cabelos chegar a ser como a conhecemos, a urina de cavalo, o suco de limão e sol eram caminhos aceitáveis para a ambição loira.

Se a loirice se iguala à branquitude, parece uma questão óbvia para a professora. Mas é assim para as pessoas brancas? Descolorir o cabelo significa que alguém está em busca de alguma coisa, alguém, um outro corpo numa fantasia agradável que agrada os brancos? Existe um jingle irritante na cabeça de todo mundo insistindo que as loiras se divertem mais. Talvez Clairol tenha quisto dizer que investem mais. A cor, de acordo com Clairol, acrescenta energia ao seu cabelo (não tenho certeza do que isso quer dizer), suavizando suas feições faciais e fazendo você parecer mais jovem. Em seu website diz: "As pessoas vão olhar duas vezes e se perguntar se é realmente você!". Eles acrescentam um ponto de exclamação depois de "realmente você" porque nós sabemos que não é realmente, realmente você, e o momento sempre precisará da insistência adicional da exclamação, que na vida real se expressa economicamente em retoques.

Definitivamente, as loiras têm mais loirice, e isso deve significar alguma coisa, uma vez que, como a jornalista Christina Cauterucci relatou, "apenas 2% da população mundial e 5% da população dos Estados Unidos têm cabelo loiro, mas 35% das senadoras e 48% das mulheres no cargo de CEO em empresas da S&P 500 são loiras. A probabilidade de reitoras de universidades serem loiras também é maior". Cauterucci cita as pesquisadoras Jennifer Berdahl e Natalya Alonso, que observaram durante o Encontro Anual de Administração Acadêmica de 2016 que "o excesso de representação loira pode ser explicado pelo preconceito racial e

de idade nas posições de liderança". A jornalista Emily Peck destacou que "Berdahl e Alonso também descobriram que homens no cargo de CEO têm mais probabilidade de serem casados com loiras: 43% dos CEOs com os salários mais altos têm uma esposa loira". Berdahl agora retoma aquela estatística de 40% das esposas que estavam loiras nas fotos que conseguiram encontrar. A pesquisa feita por Berdahl e Alonso levou Berdahl a crer que o cabelo loiro "só é natural em brancos e tende a ficar castanho depois da infância, nós concluímos que uma preferência por mulheres loiras é um fenômeno racista e machista. Mulheres com a aparência embranquecida ou infantilizada parecem ser preferidas como líderes, talvez porque elas são menos ameaçadoras ao status quo do poder".

Pessoas normais, não os mais ricos do 1%, também descolorem seus cabelos. Pessoas normais. É uma consciência ou uma inconsciência cúmplice com a ideia de que a vida branca é um padrão para a vida normal. Isso torna a busca pela loirice uma busca pela normalidade enquanto ainda desejamos o extraordinário — diversão

Texto *Apesar do fato de ela ser naturalmente morena, não muito depois do público ter consumido seus primeiros filmes, ela viria a personificar a beleza e o estereótipo misógino da loira burra.*

Notas e fontes As suas duas biografias dizem que ela pintou o cabelo em 1946. A primeira aparição que encontrei dela em filme foi em 1947.

Marilyn, de Lois Banner: "[Emmeline] Snively e os fotógrafos também queriam que Norma Jeane pintasse o cabelo de loiro, porque eles achavam que cairia melhor em sua pele pálida do que seu castanho natural. Mas ela queria manter a cor natural, e se preocupava com os gastos de ter o cabelo alisado e descolorido. Em fevereiro de 1946, uma empresa de xampu pensou nela para um anúncio e exigiu que ela descolorisse e alisasse. Quando o fotógrafo responsável pelo anúncio se ofereceu para pagar pelo processo, Norma Jean aceitou".

extraordinária. Beleza extraordinária, atratividade extraordinária? Princesa Diana, James Dean, Beyoncé são símbolos desse extraordinário — em tudo.

Quando coloco "loiras" nas ferramentas de busca, o algoritmo apresenta fileiras de mulheres brancas, e no final da tela lá está Marilyn Monroe em toda a sua loirice hollywoodiana. Apesar do fato de ela ser naturalmente morena, não muito depois do público ter consumido seus primeiros filmes, ela viria a personificar a beleza e o estereótipo misógino da loira burra.

Na rua, na minha frente, uma mulher segura a mão de uma criança. Nem a mãe, nem a criança são loiras, mas a boneca que a criança segura tem um longo cabelo loiro. Na história da loira boneca Barbie, historiadores descobriram que, depois da Segunda Guerra Mundial,

Texto *... depois da Segunda Guerra Mundial na Alemanha Ocidental, a boneca sexy "Bild Lilli", baseada numa personagem popular de quadrinhos, era vendida em bares e barbearias.*

Notas e fontes Ver o ensaio da historiadora da arte Carol Ockman "Barbie Meets Bouguereau: Constructing an Ideal Body for the Late Twentieth Century" [Barbie encontra Bouguereau: Construindo um corpo ideal para final do século XX], em *The Barbie Chronicles: A Living Doll Turns Forty* [Crônicas da Barbie: Uma boneca viva chega aos quarenta]: "Numa viagem à Alemanha, Handler supostamente viu uma boneca chamada Bild Lilli, vendida principalmente em tabacarias como um tipo de pinup tridimensional. Baseada numa tira de quadrinhos publicada no jornal alemão *Bild Zeitung*, Bild Lilli tinha um rabo de cavalo, pés moldados no formato de salto alto, e roupas para todas as ocasiões. A narrativa principal das tiras mostra Lili, vestida em trajes sumários, em situações em que ela está tirando dinheiro de um homem. Diferente da Barbie, Bild Lilli não foi criada para crianças, mas para homens, que as exibiam nos painéis de seus carros, e mais bizarro ainda, davam-na para suas namoradas em vez de flores ou chocolates. Handler resolveu reinventar essa caricatura pornográfica como a garota americana comum".

New York Times: "A inventora da Barbie, Ruth Handler, uma das fundadoras da Mattel, baseou a forma de ampulheta da boneca em Bild Lilli, uma boneca alemã que, por sua vez, foi inspirada por uma personagem de quadrinhos promíscua e boca suja".

na Alemanha Ocidental, a boneca sexy "Bild Lilli", baseada numa personagem popular de quadrinhos, era vendidas em bares e barbearias. Dizem que a Barbie original foi inspirada nela. A Mattel comprou os direitos de reprodução de Lilli mas não a narrativa originária da Alemanha pós-nazismo.

Enquanto olho ao redor, me pergunto se a loirice adicional, para loiras de farmácia que são brancas, embranquece a branquitude delas, apagando sua etnicidade. Nos séculos XIX e XX, anglo-saxões brancos nos Estados Unidos perseguiam os italianos e os irlandeses intensamente por causa da religião, antes que pudessem reivindicar a branquitude. Seus passaportes os associavam com a negritude, e para alguns, talvez, seus cabelos escuros confirmassem seus status não brancos. Suponho que se tudo o que eu tivesse que fazer fosse pintar meu cabelo de loiro para supremacistas brancos pararem de querer queimar cruzes no meu quintal, eu poderia considerar a loirice. Certamente, o 45º presidente e sua família entendem a importância do significante loiro em sua campanha para Tornar a América Grande Outra Vez.

No consultório médico, leio um artigo chamado "Political Peroxide Blonde Privilege" [Peróxido político privilégio loiro], de Amy

Texto *Hillary Clinton, que, como muitas na Capitol Hill, já foi morena um dia, também se tornou loira quando entrou na vida pública.*

Checagem dos fatos Não, ela já foi morena antes, mas veja abaixo — parece que tinha o cabelo castanho quando foi primeira-dama de Arkansas.

Notas e fontes Ver o vídeo de *Frontline* da primeira vez de Clinton como primeira-dama de Arkansas, que a descreve pintando o cabelo sob pressão em algum momento ao longo dos anos no estado (aos quatro minutos).

Larocca. Ele apresenta uma série de imagens de mulheres brancas na esfera pública, na política e na mídia, todas com cabelos brancos surpreendentemente parecidos. Poderia se chamar "Nação do Peróxido".

Hillary Clinton, que, como muitas na Capitol Hill, já foi morena um dia, também se tornou loira quando entrou na vida pública. Um episódio do programa *Frontline* insinuou que ela pintou o cabelo sob pressão. Embora ela tenha mantido a cor, ela abandonou o brilho que nós associamos ao tom e deixou seus cabelos grisalhos naturais crescerem e serem vistos em público depois de perder a eleição de 2016.

A comediante e apresentadora de TV Ellen DeGeneres teve que ser loira para que sua lesbianidade fosse aceitável para o *mainstream* homofóbico da América? Sair do armário era considerado um risco, mas a concessão era o significante branco da loirice. A esposa dela também tinha que ser loira. Os americanos médios tinham que entender que a única diferença entre seu entendimento da nossa humanidade e esta mulher dançando em suas salas de estar era a sexualidade dela, que era sinalizada apenas por seus figurinos masculinizados. O título do especial de comédia dela *Relatable* [Relacionável] parece sinalizar a importância de se ter apreciabilidade.

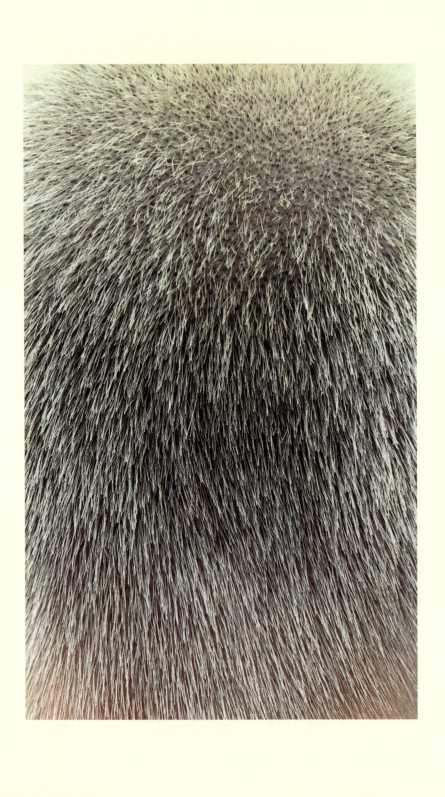

A questão, para qualquer um que esteja interessado nas motivações para virar loira, se torna uma investigação da vida aspiracional ou da passividade de liberdades cúmplices. Ou a loirice dá acesso a algo que sentimos que não temos, ou parece uma escolha aleatória, e o fato de ela se alinhar com o que é valorizado pela supremacia branca é um efeito colateral infeliz, mas não um empecilho. Outro jeito de pensar sobre a loirice é que ou estamos nos direcionando para um lugar inalcançável ou não podemos evitar chegar lá desde o princípio.

Pergunto à atendente do caixa atrás do balcão, e ela diz que os homens a tratam melhor agora que ficou loira. Depois de uma pausa, na qual ela pode estar pensando que vou julgá-la por ligar para o olhar masculino, ou se só está tentando se lembrar de suas interações, ela diz: mulheres também são mais amigáveis.

É a civilidade que está sendo buscada, a civilidade que é devida à pureza branca?

Uma mulher num restaurante em Nova York diz que era loira na infância e mostra um vídeo dela no celular. Ela se sente repreendida na nossa atual cultura de apontar erros e precisa provar autenticidade.

Pelo menos eu acho isso dela. Não ligo para o que ela faz com o próprio cabelo. Só estou interessada porque eu quero que ela me esclareça em relação à loirice e ao contexto que ela evoca. Ela cria um senso de pertencimento, por exemplo? Pertencimento a quê? É a próxima pergunta óbvia. Seus cabelos loiros, a mulher disse nostalgicamente, desapareceram com a chegada da puberdade. No vídeo, as irmãs dela são morenas. Talvez sua loirice infantil significasse que ela era tratada como especial por sua família. Mas por que descolorir agora? "Por quê?", ela repete como se eu fosse incapaz de compreender. "Essa é uma pergunta esquisita", ela acrescenta, sem me responder.

Espero que me indiquem uma mesa num outro restaurante habitado por muitas loiras com apenas as raízes como a pista mais ligeira de morenice, mulheres que uma amiga diz serem caras porque tudo, de suas unhas à sua musculatura até a elasticidade de suas peles, foi tratada. Abordo uma mulher que está aguardando alguém. Por que cabelos loiros?, pergunto. Ela é amigável e não tem medo de estranhos nem da própria verdade. O loiro me faz parecer mais brilhante e mais leve, ela responde. Gosto de vestir branco, acrescenta. Estou surpresa com o uso que ela fez da palavra "branco" como existente ao lado da loirice. Ela é a primeira a trazer a palavra à tona sem uma reação. Está dizendo branco porque associa ao brilho, ou quer dizer branco como uma distinção racial que se estende das suas roupas e a cor de seus cabelos à sua pele? A garçonete se aproxima com a mulher por quem ela esperava e encerra nossa conversa com eficácia.

Não muito tempo depois, pergunto a outra mulher branca porque ela descolore o cabelo. Ela explica mais explicitamente como a coloração lhe devolveu uma ideia de juventude. Ela também era loira quando criança? Na verdade, não. Sua nostalgia é por uma infância loira que nunca existiu, mas era apresentada várias e várias vezes na mídia como algo valorizado. Uma vez que não são muitas as pessoas cuja cor dos olhos muda de outra para azul, tento

Texto *Ideais arianos e seus significantes, como a loirice, eram considerados superiores e eram essenciais para as Leis Raciais de Nuremberg.*

Notas e fontes As Leis Raciais de Nuremberg em si não mencionam um fenótipo, mas, em vez disso, distinguem entre aqueles assim chamados alemães ou sangue aparentado e "judeus". Entretanto, é mais do que justo dizer que isso foi acompanhado por uma campanha de propaganda e uma prática no dia a dia que valorizava os traços "alemães".

Sobre a adoção de um ideal loiro pela ciência nazista, ver o capítulo "As Blond as Hitler" [Tão loiro quanto Hitler], em *The Evolution of Racism*, de Pat Shipman. Shipman também cita uma pesquisa que contesta a existência de uma maioria de pessoas loiras de olhos azuis na Alemanha: "A pesquisa de Virchow mostrando que a maioria dos alemães não eram loiros de olhos azuis teve um impacto insignificante nessa convicção difundida".

Potencialmente também pode interessar: o programa "Lebensborn", no qual homens e mulheres com qualidades "arianas" seriam recrutados para produzir mais desses traços: "Para ser aceita no Lebensborn, a mulher grávida tinha que ter as características raciais — cabelos loiros e olhos azuis —, provar que não tinha problemas genéticos e ser capaz de provar a identidade do pai, que tinha que preencher critérios semelhantes. Eles tinham que jurar fidelidade ao nazismo, e eram doutrinados com a ideologia de Hitler enquanto estavam na residência".

pensar num único outro significante de branquitude que flutua livremente como cabelos loiros. Nada me vem à mente, embora algumas pessoas acreditem que mostras de uma boa educação ou de posse de propriedades são legíveis como significantes brancos, então talvez isso seja simples: a loirice é legível, ela aponta direto para a branquitude.

Outro dia topei com uma mulher branca que me disse sentir que pintar os cabelos de loiro é uma forma de dissidência. Contra o que você protesta? Minha própria normalidade, ela responde. Ela tem tatuagens que são aceitáveis em ambientes profissionais, e suas sobrancelhas pretas e suas californianas loiras a fazem parecer descolada. Como os punks? Como a banda Blondie? Há um tipo de loirice de luzes suburbanas da qual ela não quer participar nos seus trinta. Entendo isso. Gosto da clareza dela, ainda que ache o uso de dissidência equivocado.

A questão da mesmice das morenas é apresentada frequentemente como uma razão para descolorir o cabelo. Tornar-se mais interessante é ficar loira. Cabelos loiros como corretivo agora é considerado comum. Tantas têm, e outras, talvez os homens, não se cansam. Isso coloca a questão: os ideais comuns da supremacia branca são uma aspiração comum? Tento considerar a declaração de que cabelos loiros são mais atraentes e, portanto, clarear seu cabelo é apenas um bom senso comum.

Darwinistas sociais, usando falsas equivalências, viraram o mundo com sua adulação por tipos arianos. Ideais arianos e seus significantes, como a loirice, eram considerados superiores e eram essenciais para as Leis Raciais de Nuremberg. Mas eles são essenciais para os brancos, ou negros, mulheres? Ou para mulheres asiáticas que passam por mim, com cabelos tão loiros quanto os cabelos das mulheres brancas atravessando a rua mais à frente, ambas com raízes escuras como o tom da terra?

<u>AVISO PARA USO SEGURO DO PRODUTO</u>

IMPORTANTE: HAIRCOLOR PODE PROVOCAR REAÇÕES ALÉRGICAS QUE, EM ALGUNS CASOS, PODEM SER GRAVES.

COR: LOIRO NATURAL

ATENÇÃO: ESTE PRODUTO CONTÉM INGREDIENTES QUE PODEM CAUSAR IRRITAÇÃO NA PELE DE ALGUNS INDIVÍDUOS E UM TESTE PRELIMINAR DEVE SER FEITO DE ACORDO COM AS INSTRUÇÕES. ESTE PRODUTO NÃO DEVE SER USANDO PARA DESCOLORIR CÍLIOS E SOBRANCELHAS; FAZER ISSO PODE CAUSAR CEGUEIRA.

INGREDIENTES: ÁGUA • TRIDECHETH-2 CARBOXAMIDE MEA • PROPILENO GLICOL • HEXILENOGLICOL PEG-2 OLEAMINE • ÉTER OLEÍLICO DE POLIGLICERIL-4 • HIDRÓXIDO DE AMÔNIO • ÁLCOOL OLEIL • ÁLCOOL DESNATURADO • ÉTER OLEÍLICO POLIGLICERIL-2 • ÁCIDO OLEICO • DIETILANINOPROPIL COCOASPARTAMIDA DE SÓDIO • PENTETATO PENTASSÓDICO • ACETATO DE AMÔNIO • PERFUME/FRAGRÂNCIA • METABISSULFITO DE SÓDIO • ÁCIDO ERITÓBICO • RESORCINOL • P-AMINOFENOL • P-FENILENODIAMINA • ALPHA-ISOMETHYL IONONE • EUGENOL • M-AMINOFENOL • LINALOL • HIDROXIPROPIL BIS (N-HIDROXIETIL-P-FENILENODIAMINA) HCL. FIL#D33266/2. PATENTE U.S.: 7.402.108

Aviso na embalagem do spray de coloração temporária göt2b Head Turner.

Uma amiga insiste que atrelar a loirice à branquitude e à supremacia branca é ridículo. Só fica melhor na maioria das mulheres, ela afirma. Eu não sou branca, então tento habitar essa forma de certeza. A indisposição da minha amiga em interrogar por que "melhor" e "loira" estão casados me interessa. O outro lado da moeda seria *Black is Beautiful*. No romance *Americanah* da escritora nigeriana Chimamanda Ngozi Adichie, a protagonista descreve como sua empregadora branca insiste em descrever todas as mulheres negras como lindas. A chefe usa "linda" para dizer "negra". Talvez "ser loira é melhor" e "negro é lindo" sejam ambas formas de insistência, com a última recusada em ser aceita pela imaginação pública por causa do racismo, enquanto a primeira pare ser um bom senso por causa da supremacia branca. Minha amiga faz um gesto com a mão indicando que estamos mudando de assunto.

Pode ser verdade que muitas mulheres descolorem a partir das pontas a caminho da loirice porque o mundo as trata melhor e lhes paga mais e as casa com cônjuges mais ricos quando elas emolduram

Texto *Pode ser verdade que muitas mulheres descolorem a partir das pontas a caminho da loirice porque o mundo as trata melhor e lhes paga mais e as casa com cônjuges mais ricos quando elas emolduram seus rostos com todo aquele dourado.*

Checagem dos fatos Sim. O pesquisador australiano David Johnston não menciona a linha do tempo na qual as loiras se casam. No entanto, elas registram ganhos mais altos e cônjuges mais ricos. Veja abaixo.

Notas e fontes "Physical Appearance and Wages: Do Blondes Have More Fun?" [Aparência física e salários: As loiras se divertem mais?], de Johnston: "Resultados retroativos indicam que as loiras recebem uma média salarial na dimensão equivalente ao retorno por um ano extra de estudos. Um efeito significativo da loirice também é evidente no mercado de casamentos. Mulheres loiras têm 50% de chance de se casarem; mas os salários de seus cônjuges são em média 6% mais altos do que os salários de outros cônjuges".

seus rostos com todo aquele dourado. Elas nem sequer se importam de colorir as raízes ou suas nucas, a menos que sejam estrelas do cinema ou comentaristas do noticiário ou políticas ou celebridades ou jogadoras de tênis e seu trabalho seja ser o objeto de desejo do homem branco, e o desejo de homens de cor, e o desejo de mulheres brancas, e o desejo de mulheres de cor e o desejo de pessoas brancas não binárias. Isso é reducionista e não é.

O "não" se refere ao fato de que mulheres podem se perseguidas pela desconfiança desonesta e pela persistência de que estão fracassando na vida sem a loirice. Loira eu me torno mais eu mesma, muitas dizem. Engraçado. Se você diz eu quero ser eu mesma e a cultura diz que o eu que importa é loiro, então — sinto muito — assim seja. Depois de um tempo, todo mundo está de acordo a respeito de quem parece humana, jovem, linda, humana — eu disse humana?

Uma matéria de Andrea Chang, no *New York Times*, intitulada "Why So Many Asian-American Women Are Bleaching Their Hair Blond" [Por que tantas mulheres asiáticas-americanas estão pintando o cabelo de loiro], começa com sua primeira memória de se sentir marginalizada por causa da sua identidade asiática dentro da comunidade americana branca suburbana onde ela cresceu: "A primeira vez que tive consciência de ser asiática foi quando perguntei à minha mãe por que eu não era loira. Eu tinha cinco anos, e era umas das poucas asiáticas-americanas vivendo num subúrbio predominantemente branco no Michigan". O desejo de pertencer, de compartilhar a uniformidade da loirice levou algumas asiáticas nos Estados Unidos a gastarem doze horas e mais de quatrocentos dólares para ficarem loiras. Cheng acrescenta que os retoques mensais, "podem chegar a mais do que duzentos dólares".

Ela afirma que mulheres asiáticas dizem ter mais confiança ao romperem com as gerações mais velhas e sobre os méritos da experimentação. No artigo, a formação de uma nova identidade asiática-americana é discutida pela professora erin Khuê Ninh, que estranhamente

Texto ... *identidade asiática-americana é discutida pela professora erin Khuê Ninh, que estranhamente não menciona a associação da loirice com a branquitude, embora esteja implícita. A matéria é encerrada com uma mulher que já foi loira especulando que as motivações das asiáticas para pintarem seus cabelos talvez sejam uma forma de dizer "me vejam". É difícil não ouvir esse apelo.*

Checagem dos fatos Talvez. Há duas professoras mencionadas no artigo, nenhuma das duas menciona a branquitude.

Notas e fontes Embora erin Khuê Ninh não mencione a branquitude explicitamente, a afirmação dela na matéria pode deixá-la implícita: "Nós somos o grupo que sempre ouviu para voltar para o lugar de onde viemos, e em parte isso é porque nós temos uma população imigrante muito forte, então somos todos confundidos sem levar em conta se somos a quarta geração ou a primeira — para todo mundo, você parece uma estrangeira".

não menciona a associação da loirice com a branquitude, embora esteja implícita. A matéria é encerrada com uma mulher que já foi loira, especulando que as motivações das asiáticas para pintarem seus cabelos talvez sejam uma forma de dizer "me vejam". É difícil não ouvir esse apelo.

Num país que tem vendido a superioridade e a pureza branca tão abertamente, talvez mulheres brancas estejam aprisionadas dentro de um maquinário que insiste na autenticidade da branquitude. Elas se sentem aprisionadas? A popularidade das luzes californianas, loiras nas pontas, loiras até a metade do comprimento, seria uma forma de se libertar parcialmente, ao mesmo tempo que é possível alcançar o merecimento com o vocabulário da branquitude, que é multiplicado como um vocabulário de juventude para mulheres mais velhas cobrindo os brancos?

Se descolorir o seu cabelo significa que você se torna uma outra pessoa e essa pessoa faz você ser mais você mesma, isso é um sinal de

que a branquitude é quem você realmente é? Será a branquitude juntamente com a loirice uma coisa que você possui, um bem, propriedade, algo sem o qual você não pode ficar caso deseje viver? Ficar loira é uma maneira de acessar ou adquirir a branquitude como propriedade? A loirice é um investimento que aumenta o valor de alguém ao torná-lo simultaneamente *mainstream* e singular num único processo?

A preocupação é que essa cor de cabelo em particular promete "o mundo" a essas mulheres. Pode ser dado?

Se a supremacia branca e o racismo antinegro permanecem como modos de violência fundamentais na estrutura pela qual países continuam a governar, a loirice pode ser um dos nossos modos mais passivos e fluídos de cumplicidade. Aponta para o poder branco e o que ele valoriza como desejável, quer esse pensamento entre na nossa cabeça ou não. Como as mulheres falam várias e várias vezes sobre como descolorir seus cabelos ilumina seus rostos e as tornam mais aceitáveis da mesma forma para homens e mulheres; ou falam sobre sua ousadia com seus novos cortes loiros; ou como as não brancas sentem o propósito ao possuir um significante de poder que não poderiam ter de outra maneira; ou como grisalho é escondido e a juventude é valorizada e buscada; ou como se torna mais e mais difícil fingir que nossas liberdades não estão relacionadas à nossa cumplicidade com os valores dos supremacistas brancos.

Vejo uma mulher negra, vinte e poucos anos, na rua perto do meu apartamento. Uma vez que foram mulheres como ela que começaram essa linha de investigação, eu me pego a encarando. Digo-lhe que é extremamente bonita, porque ela é. Ela exibe um sorriso espontâneo. Eu pergunto: Só por curiosidade, como uma mulher negra, por que você descoloriu seu cabelo? O que é difícil de reconciliar é a ideia de que a cor do cabelo pode ser uma escolha de estilo, um pouco de diversão, mas também pode se alinhar com um compromisso de longa data com a supremacia branca. Por que não, ela

responde, e isso não é uma pergunta. Repito a frase de volta para ela — Por que não? — dessa vez com seu ponto de interrogação, o que não é exatamente uma repetição. A jovem seguiu seu caminho, e sou deixada para trás ponderando — talvez seja assim que nós nos libertamos para nos libertarmos de confrontar a história o tempo inteiro. Por que não.

Táxi.

embranquecendo

Aviso:
O método de clareamento de pele a seguir é poderoso, de longa duração e deve ser utilizado somente por quem deseja clarear sua pele cinco tons ou mais.

Recomenda-se cautela ao espectador.

Você está sofrendo de baixa autoestima devido à cor da sua pele?
A cor da sua pele faz você se sentir pouco atraen para o sexo oposto ou incapaz de progredir na vi
Você se cansou de gastar uma fortuna em crem de clareamento ineficazes e em geral perigoso

Então aconselho você a assistir ao vídeo surpreendente a seguir que explicará como você pode clarear sua pele num total de cinco tons, naturalmente e no conforto da sua casa em apenas 30 minutos.

Este método revolucionário de clareamento de pele nunca foi visto antes na internet, e está ao seu alcance, em casa, com alguns ingredientes que você encontra em qualquer loja de produtos naturais.
Agora é a hora de clarear sua pele de forma segura, sem a necessidade de químicas agressivas e alvejantes que podem causar danos permanentes à pele, à pigmentação, e até envenenamento.

Agora, antes de falarmos de como exatament você vai clarear sua pele, quero contar um pouco sobre como descobri meu método faça-você-mesma para uma pele branca naturalmente duradoura e definitiva.

Eu era capaz de imaginar como me sentiria mais atraente e confiante com uma pele mais clara.
Eu finalmente poderia progredir na minha carreira sem me preocupar com o que os outros pensam da minha aparência.
Infelizmente, naquele momento, tudo isso era só um sonho.

Todas as mulheres mais claras que tinham exatamente a mesma idade e as mesmas qualificações que eu estavam conseguindo cargos com salários mais altos e parceiros atraentes; e havia eu, ainda solteira, lutando para conseguir um emprego e ficando mais e mais deprimida.

Eu conhecia todos esses químicos agressivos que muitas mulheres estavam usando para clarear a pele, mas depois de ver tantas ficare doentes e com danos permanentes por causa dos produtos, eu disse: "se ao menos houvess um jeito seguro e natural de fazer isso".

Para minha sorte, minha determinação em pesquisar esse tema cresceu incontrolavelmente. E pouco depois de enfim terminar a faculdade de medicina em que estudei as células chamadas melanócitos, fiz uma importante descoberta que mudou minha vida.

Veja bem, a cor da pele depende da atividade dos melanócitos na pele. Quanto mais dessas células você tem, mas melanina você produz.
A melanina é o pigmento da pele que determina o quão escura é a sua pele.

Isso era interessante porque a maioria das pessoas assume que pessoas retintas têm ma melanócitos. Quando na verdade indivíduos o pele clara e escura têm exatamente a mesm quantidade dessas células. O que torna a pele pessoa mais escura é a atividade das células

Quanto mais ativo o melanócito, mais melanina é produzida. Portanto, mais escura é a pele.
Ficou muito claro para quem que eu precisava buscar ingredientes naturais que, combinados, afetariam diretamente a atividade da célula. No fundo eu sabia que eles existiam, mas só precisava encontrá-los.

Foi uma descoberta surpreendente e de tirar o fôlego, primeiro eu não conseguia acreditar nos meus próprios olhos! Esses ingredientes que qualquer um pode comprar tinham afetado diretamente as células da cor da pele!
Uma vez que eu sabia que o creme era natural e seguro, decidi sem hesitação aplicá-lo em mim durante sete dias.

O meu sonho de uma vida inteira finalmente se rea Depois de apenas sete dias eu já estava me senti mais confiante e extrovertida. E esse foi só o com
Logo amigos e parentes me perguntavam por q eu parecia tão diferente. Pessoas começaram a ver como uma figura mais autoritária no trabalh
Até as pessoas do sexo oposto começaram a me convidar para sair!

Todo mundo queria o que eu tinha.
Meu creme totalmente natural e incomum tinha alcançado uma taxa de 100% de sucesso e todos os meus amigos de pele escura também estavam obtendo ótimos resultados.

Você não precisa se preocupar que sua pele mais clara será perdida. Conforme a fórmula afeta diretamente as células, os resultados são permanentes e notáveis depois de apenas alguns dias.

Vejo você do outro lado!

Uma maquiadora e eu estamos jogando conversa fora quando pergunto a ela quais são as necessidades de seus clientes de acordo com a raça? As russas querem lábios maiores, ela diz, fazendo um gesto de estouro na frente dos lábios. As asiáticas precisam ficar o mais claras que puderem. Eu entendo, ela acrescenta. A maquiadora é negra e tem a pele escura como eu, então suponho que ela entende como culturalmente pessoas com a pele mais clara são preferidas não importe o colorismo de sua raça.

A resignação na voz dela me traz à mente uma aluna asiática que tive uma vez, que abaixou a cabeça na mesa quando lhe perguntei se queria escrever sobre sua mãe. Seu humor mudou tão drasticamente que tive medo de que sua mãe tivesse morrido e eu a magoei inadvertidamente.

Sem olhar para mim, ela disse, minha mãe é racista. Felizmente eu respondi com minha voz mais inexpressiva. Sério? Como ela comunica o racismo dela? A aluna, que é uma escritora talentosa e uma contadora de histórias nata, mostrou ânimo. Disse: minha mãe diz que meu pai é tão bonito que ele deve ter algo de branco nele.

Eu não perguntei se a mãe dizia o mesmo sobre ela.

Há outras coisas também, ela acrescentou.

Eu entendo, disse. Eu entendo.

Uma propaganda chinesa de sabão em pó de 2016 mostrou um homem negro sendo enfiado numa máquina de lavar só para reemergir sem sua negritude. O racismo antinegro não está limitado aos Estados Unidos ou à Europa ou à África do Sul. A indústria do clareamento de pele na Ásia, na América do Sul e na África prospera no século XXI. Aparentemente, todo mundo entende o que é valorizado e recomendado. A branquitude e a globalização podem muito bem ser uma coisa só. Ou talvez ser qualquer coisa que não a negritude.

Estou assistindo à Naomi Osaka, asiática e negra, prodígio do tênis, e imaginando como ela compreende o fato de que sua mãe japonesa ficou afastada de seus pais, avós de Naomi, por causa de seu amor por um homem haitiano. Os quinze anos de separação, que duraram até Naomi fazer onze anos, permanecem inconcebíveis ainda que eu saiba que isso não é incomum.

Como alguém se sente traído uma década e meia por causa de quem sua filha ama? É a vergonha de um contágio estrangeiro ou é a pureza da descendência que é poluída pela negritude? Isso poderia ser coisa de filme; ainda não consigo compreender como a associação com a negritude, a ideia de que isso poderia ser pior do que perder o contato com uma filha que foi parida, criada e cuidada por toda a sua vida até a juventude. Penso na minha filha, cuja vida e o amor infundem a minha vida. Tento comparar esse amor inegociável com o fato de que, por perceber certa falta de associação com quem sou, eu estaria disposta a perder tudo, todas as pessoas, aquela pessoa.

Imagine odiar tanto uma pessoa que só quando o mundo abraça sua neta, só então você consegue construir um abraço. A realidade me deixaria perplexa se não fosse comum. A intensidade de tal ódio permanece, o que muitos talvez se recusem a entender.

Baye McNeil @BayeMcneil — 19 de jan

Alguns pensamentos sobre o embranquecimento de Naomi Osaka pela Nissin e o que isso significa.
https://www.japantimes.co.jp/community/2019/01/19/our-lives/someone-lost-noodle-making-new-nissin-ad-featuring-naomi-osaka/#.XElIwVX7SUk #BlackEye

💬 28   ↻ 164   ♡ 233

Osaka venceu Serena Williams no US Open de 2018 no qual todo tipo de disparate aconteceu. Na semana após Osaka ter vencido o Grand Slam, um cartunista australiano retratou Williams daquele jeito racista estereotipado e Osaka como branca. O embranquecimento de Osaka desde que ela se destacou tem sido algo que ela se sentiu obrigada a comentar. Propagandas de um de seus anunciantes japoneses, a Nissin, clarearam sua pele enquanto a representava rebatendo a bola usando seu uniforme branco. Infeliz, mas involuntariamente racista foi o comentário de Osaka: "Sou bronzeada. Isso é bem óbvio... Mas definitivamente acho que da próxima vez que tentarem me retratar, ou algo assim, sinto que eles devem conversar comigo a respeito". Diferente do cartunista australiano, a Nissin pelo menos não pintou o cabelo dela de loiro, embora seja conhecido que Osaka descolore as pontas de seu cabelo. Por que não.

Um tuiteiro observou que pelo menos os patrocinadores não estavam fazendo retratos "mais escuros" de Osaka. O embranquecimento era, de certa forma, o internauta parecia dar a entender, dos males o menor. Talvez ao clarear a pele dela, os patrocinadores só estivessem tentando protegê-la e aos seus produtos de um evidente racismo antinegro japonês. Depois da vitória de Osaka no Toray Pan Pacific Open, em sua terra natal, o grupo de comédia A Masso declarou em um evento que Osaka "precisava de um clareamento". De acordo com uma reportagem de Maiysha Kai na revista *The Root,* outro hafu ou indivíduos mestiços tinham se referido a ela como *kurombo*, a versão japonesa da palavra com N. Enquanto Osaka é tratada como a Serena Williams de sua geração, nós começamos a entender como sua sucessão se forma dentro de uma moldura racista similar.

Na coletiva de imprensa depois da coletiva de imprensa, Osaka respondeu à retórica racista direcionada a ela, e enquanto eu noto seu receio, me pergunto se ela receberia o mesmo tratamento se fosse haitiana-filipina, haitiana-chinesa, haitiana-vietnamita, haitiana-indiana etc. Quais são os países asiáticos onde as pessoas

acreditam que suas "histórias de origem" não são maculadas por sua associação com a negritude? Penso que a angústia deles, se a angústia existe, está enredada em como a negritude é vista pelo imaginário branco. E dada essa possibilidade, quem são os asiáticos que se entendem como os chamados "sócios minoritários" dentro das estruturas da supremacia branca? Obama recebeu 62% e 73% dos votos de asiáticos-americanos nas eleições de 2008 e 2012. O que eles acreditavam que nosso primeiro presidente negro poderia defender para eles?

espaços liminares iii

Texto *A teórica Barbara Johnson sugeriu que qualquer narrativa que exista "já foi lida".*

Notas e fontes Barbara Johnson em "The Critical Difference: BartheS/BalZac": "Primeiro, isso implica que uma leitura única é composta do já-lido, o que nós podemos ver em um texto já está em nós, não nele próprio; em nós na medida em que somos um estereótipo, um texto já lido; e no texto, somente tendo em vista que o já-lido é aquele aspecto que um texto precisa ter em comum com seu leitor para que seja de todo legível".

Minha amiga diz que a força gravitacional de uma história de origem é difícil de superar.

Estou pensando na supremacia branca.

Quantas narrativas existem para pessoas negras no imaginário branco?

A teórica Barbara Johnson sugeriu que qualquer narrativa que exista "já foi lida".

Eu acrescentaria que, no fim, todas as narrativas acabam nomeando os negros com uma palavra que começa com "N". Negação poderia ser uma. Nulidade, outra. Ninguém poderia muito bem ser outra.

Não estamos indefesos, mas estamos "condicionados a sermos indiferentes" para usar a expressão de Bryan Stevenson. Todos esses anos de vizinhos brancos suspeitando, acusando ou matando pessoas negras se passam dentro da lei com mais frequência do que o contrário. Cartões-postais de linchamentos eram entregues pelos correios dos Estados Unidos.

"9-1-1 há um homem negro do outro lado da rua abrindo a porta da casa dele. Venham logo."

Mecanismos de memória do meu cérebro trazem de volta uma pergunta e uma declaração tiradas de um mural e de um cartaz.

Quanto tempo demora o agora?

Há pessoas negras no futuro.

Texto *Ta-Nehisi Coates quer que nós, pelo menos, falemos sobre como as reparações podem ser.*

Notas e fontes Trecho de um testemunho de Ta-Nehisi Coates diante do Comitê Judiciário Doméstico em 19 de junho de 2019: "A questão das reparações é fazer compensações e direcionar reparos, mas isso também é uma questão de cidadania. Na H.R. 40, este grupo tem uma possibilidade de tanto fazer o bem com seu pedido de perdão pela escravidão de 2009, como de rejeitar o patriotismo oportuno, de dizer que esta nação são seus méritos e suas dívidas. Que se Thomas Jefferson importa, Sally Hemings também. Que se o Dia D importa, a Black Wall Street também. Que se Valley Forge importa, Fort Pillow também. Porque a questão não é realmente se nós estaremos presos às coisas do nosso passado, mas se somos corajosos o suficiente para estarmos presos a ele como um todo. Muito obrigado".

Ta-Nehisi Coates, "The Case for Reparations" [Em defesa das reparações], *The Atlantic*:

"E então nós devemos imaginar um novo país. As reparações — e com elas eu me refiro a aceitação completa de nossa biografia coletiva e suas consequências — são o preço que devemos pagar para nos vermos quites. Um alcoólatra em recuperação pode muito bem ter de conviver com sua doença pelo resto de sua vida. Mas pelo menos ele não está vivendo uma mentira embriagada. As reparações nos convidam a rejeitar a embriaguez do orgulho e ver a América como ela é — uma obra de humanos falíveis.

"As reparações não nos dividirão? Não mais do que já estamos divididos. A desigualdade econômica simplesmente coloca um número em algo que podemos sentir, mas não dizer — que a riqueza americana foi obtida injustamente e distribuída de forma seletiva. É necessário arejar nossos segredos familiares, apaziguar nossos velhos fantasmas. É necessário curar a psique americana e banir toda a culpa branca [...]. Reparações significariam uma revolução na consciência americana, uma reconciliação de nossa imagem como a grande democratizadora com os fatos de nossa história."

Ta-Nehisi Coates quer que nós, pelo menos, falemos sobre como as reparações podem ser. Ele está num diálogo com a memória histórica, os arquivos, a "lógica da supremacia branca", um público americano moldado por essa lógica, uma realidade estrutural moldada por essa lógica, e Mitch McConnell, ou o que McConnell, moldado por essa lógica defende: "Não acho que reparações por algo que aconteceu há 150 anos, pelo qual nenhum de nós vivos atualmente foi responsável, seja uma boa ideia".

A declaração de McConnell é ensaiada e estratégica. A repetição se torna insistência, transformando-se em aceitação e em uma posição aceitável. Socorro, socorro.

Coates está formulando uma resposta a essa repetição e o que ele chama de "patriotismo oportuno". Ele está nos retirando da rendição comum à violência incorporada à supremacia branca.

Fala para mim: "Eu não tenho nem um osso racista no meu corpo".

Fala para mim: "Eu não vejo cor".

Fala para mim: "Eu não sou racista, só não estou acostumado a votar em pessoas de cor".

Fala para mim: "Eu tenho um amigo negro".

E então olhe atentamente os padrões de votação nos Estados Unidos:

Entre aqueles que em 2016 votaram para serem representados ainda e mais uma vez por essa forma de violência, os 62% de homens brancos e 47% de mulheres brancas, uma pluralidade, como posso compreendê-los?

Como eu deveria entender as histórias da origem deles?

Texto *Como interpreto a tranquilidade deles com crianças dormindo em chãos de concreto em centros de detenção dedicados a fazerem aquelas crianças sofrerem até a morte?*

Notas e fontes Masha Gessen, "The Unimaginable Reality of American Concentration Camps" [A realidade inimaginável dos campos de concentração americanos], *New Yorker*: "Um lado sempre argumenta que nada pode ser tão ruim quanto o Holocausto, portanto nada pode ser comparado a ele; o outro lado argumenta que os alertas dados pelas lições da história podem ser aprendidos apenas ao reconhecer as similaridades entre o agora e o passado. Mas, na realidade, a discussão é a respeito de como percebemos a história, a nós mesmos e como nos percebemos na história. Aprendemos a pensar a história como algo que já aconteceu, a outras pessoas. Nosso momento, tão cheio de minúcias destinadas a serem esquecidas, sempre parece menor em comparação [...]. Hitler ou Stálin surgem como vilões de duas dimensões — alguém que os contemporâneos não poderiam ver como um ser humano. O Holocausto ou o gulag são eventos tão monstruosos que a ideia de analisá-los em qualquer escala de tons de cinza também parece monstruosa. Isso tem o efeito de torná-los, essencialmente, inimagináveis. Na fabricação da história de algo cuja existência jamais deveria ter sido permitida, nós forjamos a história de algo que possivelmente não poderia ter acontecido. Ou, usando uma frase levemente fora de contexto, algo que não pode acontecer aqui".

Texto *"Goste ou não, aquelas não são as nossas crianças. Mostrem compaixão por elas, mas não é como se ele estivesse fazendo isso pelo povo de Idaho ou do Texas. Essas são pessoas de um outro país."*

Notas e fontes Brian Kilmeade

Texto *uppgivenhetssyndrom*

Notas e fontes Rachel Aviv, "The Trauma of Facing Deportation" [O trauma de encarar a deportação], *New Yorker*.

Texto *Hesita-se em chamá-los vivos: hesita-se em chamar morte à sua morte, uma vez que eles já nem temem, estão cansados demais para compreender.*

Notas e fontes Primo Levi, *É isto um homem?*, tradução de Luigi Del Re.

Como interpreto a tranquilidade deles com crianças dormindo em chãos de concreto em centros de detenção dedicados a fazerem aquelas crianças sofrerem até a morte?

E então olhemos atentamente as normas aceitas nos Estados Unidos:

"Goste ou não, aquelas não são as nossas crianças. Mostrem compaixão por elas, mas não é como se ele estivesse fazendo isso pelo povo de Idaho ou do Texas. Essas são pessoas de um outro país."

Como eu compreendo a fluidez com a qual nós continuamos nos dias de hoje?

Como eu compreendo toda a nossa indiferença?

Teju Cole diz: "Não existem refugiados, apenas cidadãos como nós cujos direitos nós falhamos em reconhecer".

Como é que essas crianças não acabam em coma como as em situação similar na Europa, refugiadas em países como a Suécia? Aquelas crianças sofrem de *uppgivenhetssyndrom*, também conhecida como "síndrome da resignação". Elas desistem da vida e do Estado e de uma nação que as rejeitam; elas desistem de uma vida que sentem "ser demais".

Primo Levi descreveu essa categoria nos campos de concentração nazistas, conhecidos como *Muselmänner*: "Hesita-se em chamá-los vivos: hesita-se em chamar morte à sua morte, uma vez que eles já nem temem, estão cansados demais para compreender".

Isso me traz de volta à solidão ética, ao isolamento que alguém experimenta quando é, de acordo com Jill Stauffer, "abandonado pela humanidade, ou por aqueles que têm o poder em relação às possibilidades de sua vida".

Desistir parece uma forma de proteção em relação à vida em si. Mãos para cima, não atire.

Mas desistir não é algo a se querer.

Mas desistência é o que nossa vida vai parecer se olharmos em retrospecto. Nem *Muselmänner* esqueléticos à beira da morte nem comas, mas a indiferença e a tolerância com o indizível sob a categoria do desamparo.

Entretanto, imagino que o desamparo em si seja algo a ser administrado.

Por que nem todas as pessoas estão ativamente envolvidas em nossa luta americana atual contra um regime nacionalista?

Tantas pessoas se tornaram tão vulneráveis à dominância branca que os caminhos para a mudança imaginada são apagados de nossos cérebros, e nossas consciências padrão estão em seus níveis mais baixos de atividade, significando que não podemos mais antever um novo tipo de futuro ou sequer realmente ver o que está acontecendo no nosso presente?

No espaço liminar da estação de trem em Boston Back Bay, uma gravação relembra a mim e aos meus companheiros de viagem: "Se você vir alguma coisa, diga alguma coisa".

Mas então, como se a resposta automática compreendesse repentinamente com quem está falando, acrescenta: "Ver alguma coisa significa ver uma ação, não uma pessoa".

Quem soube acrescentar isso?

Quem ousou dizer isso?

Por causa do racismo, por causa da suposição de um único público, por causa da supremacia branca, por causa do nacionalismo, isso insinua: primeiro vigie a si mesmo.

Da outra vez que estive esperando pelo trem Amtrak em Back Bay, a segunda declaração no lembrete tinha sido cortada.

Por que a retiraram?

Às vezes eu brinco que meu otimismo foi roubado pela supremacia branca.

Não seja sobrecarregada pela supremacia branca, minha amiga responde.

A "excessividade" de nossa realidade presente às vezes dá origem ao humor, mas poderia provocar desassociação, distanciamento, uma recusa em se engajar em nossas práticas democráticas, considerando como o racismo continua estrutural e invasivo.

Uma orientação supremacista branca está embrulhada como pensamento universal ou visão objetiva, o que consiste no apagamento de qualquer um — minha presença física, minha humanidade — que perturbe seu reflexo. Sua forma de ser.

A ideia de que alguém pode se manter distante é uma boa fantasia, mas não podemos nos dar ao luxo de fantasiar.

Texto ... *ou no Zoom com distanciamento social, tanto faz — uma conversa já aconteceu entre mim e você enquanto nosso encontro se desenrola.*

Notas e fontes Steve Neavling, "Black People Make Up 12% of Michigan Population — and At Least 40% of Its Coronavirus Deaths" [Pessoas Negras representam 12% da população de Michigan — e pelo menos 40% dos mortos pelo coronavírus no estado], *Detroit Metro Times*, 2 de abril de 2020: "Não há dúvidas de que a epidemia de Covid-19 tem um efeito mais significativo em comunidades mais pobres e marginalizadas, particularmente nas comunidades de cor", dr. Joneigh Khaldun, chefe executivo de medicina do Michigan, declarou ao *Metro Times*. "Enquanto a Covid-19 pode infectar qualquer um, independente de raça ou classe, afro-americanos são historicamente mais propensos a apresentarem taxas mais altas de doenças crônicas como problemas cardíacos, diabetes e câncer nos Estados Unidos. Nós sabemos que essas condições médicas subjacentes são as com mais probabilidade de serem acometidas pela Covid-19 em estágio grave".

Fantasias custam vidas.

A brancura universalizada, o imaginário racial, vive em cada instante.

Nós temos que estar dispostos a pensar sobre isso apesar de passarmos a maioria dos nossos dias sem pensar nem um pouco nisso.

Na maior parte das vezes, nós já nos decidimos em relação a tudo e a todos, mas pensar realmente, o que a teórica do afeto Lauren Berlant define como "interromper o fluxo de consciência com uma nova demanda de analisar e focar... Ser forçado a pensar é começar a formular o acontecimento de sentir o histórico no presente".

Ela quer que nós "interrompamos o maquinário que faz o comum parecer com um fluxo".

Mesmo quando existimos como pessoas em relação — pessoas diante de outras, do outro lado de uma mesa, pessoas falando num carro, num avião, ao lado de um chafariz, em centros de detenção, em prisões, em piqueniques, no trabalho, na casa ao lado, nos trens, em salas de espera, em salas de aula, nos lados da cama, em táxis, no metrô, na loja, na rua, na clínica, no correio, no Detran ou no Zoom com distanciamento social, tanto faz — uma conversa já aconteceu entre mim e você enquanto nosso encontro se desenrola.

Posturas padrão e caminhos podem significar de saída que o que imagino não importa, uma vez que sou uma mulher negra.

O que pessoas brancas teriam que enxertar em suas fantasias para que pudessem tratar a verdadeira possibilidade de mudança como real? A verdadeira igualdade?

Texto Em 2008 e 2012, pessoas de cor, em categorias definidas como negros, asiáticos e hispânicos (excluindo povos indígenas e do Oriente Médio na categoria de Outro), conseguiram eleger um presidente negro apesar de uma maioria de votos brancos destinados a candidatos brancos.

Notas e fontes

Votação da eleição presidencial de 2008 por subgrupo demográfico				
Subgrupo demográfico	Obama	McCain	Outro	% de votos
Total de votos	53	46	1	100
Raça				
Branco	43	55	2	74
Negro	95	4	1	13
Asiático	62	35	3	2
Hispânico	67	31	2	9
Outro	66	31	3	2

Votação da eleição presidencial de 2012 por subgrupo demográfico				
Subgrupo demográfico	Obama	Romney	Outro	% de votos
Total de votos	51	47	2	100
Raça				
Branco	39	59	2	72
Negro	93	6	1	13
Asiático	73	26	1	3
Hispânico	71	27	2	10
Outro	58	38	4	2

Em 2008 e 2012, pessoas de cor, em categorias definidas como negros, asiáticos e hispânicos (excluindo povos indígenas e do Oriente Médio na categoria de Outros) conseguiram eleger um presidente negro apesar de uma maioria de votos brancos destinados a candidatos brancos.

Uma vez que a vitória aconteceu, pessoas brancas a reivindicaram como uma trégua em seu racismo apesar do fato de que uma maioria branca não votou em um candidato negro em nenhuma das eleições. Mas, de repente, falsamente, isso era posse e progresso dos brancos.

E Obama? Eu ouvi várias e várias vezes quando apontava a continuidade da realidade supremacista branca neste país.

E o que tem ele? Eu respondia antes de puxar as porcentagens de votação que mantenho salvas no meu telefone.

Reimaginar a agência é a conversa que eu quero ter. Como "todos nós" acreditamos outra vez em nossos direitos inalienáveis?

A agência está bem aqui e estou disposta a levá-la adiante.

Ancorada no desconhecimento, eu anseio provocar reações a partir da inquietação com as minhas formas de desamparo dentro de uma estrutura que restringe possibilidades.

Deixe eu te perguntar, ou só me diga por que ou, melhor ainda, como podemos?

Mas quem é esse "nós"?

Será possível formar um "nós"?

Muito interessante ver deputadas democratas "progressistas", originalmente de países cujos governos são uma catástrofe total e completa, o pior, mais corrupto e impróprio do que qualquer lugar do mundo (se eles tiverem um governo funcional de todo), agora abertamente…

… e cruelmente dizendo para o povo dos Estados Unidos, a maior e mais poderosa nação na Terra, como o nosso governo deve ser conduzido. Por que não voltam e ajudam a consertar os lugares totalmente arruinados e infestados por crimes de onde vieram. Voltem para lá e no mostrem como…

… se faz. Esses lugares precisam muito da sua ajuda, vocês devem ir o quanto antes. Tenho certeza de que Nancy Pelosi ficaria muito feliz de providenciar viagens gratuitas!

5:27 AM — 14 de jul. 2019

20,909 Retweets **112,398** Curtidas

19K   21K   112K

Será que essa é a questão?

E pluribus unum deve ter sido o primeiro erro nacional.

Existe um "um" e o restante de nós deveria sair do caminho dele ou nos cartografarmos dentro dele?

E uma vez que essa promessa é feita, somos cidadãos de quê?

Nós, o povo, somos cidadãos de quê?

Não direi novamente "o quê", que me dá uma pausa, mas citarei Fred Moten aqui: "A análise do nosso assassino, e do nosso assassinato, é para que possamos ver que não somos assassinados. Nós sobrevivemos. E então, conforme temos um vislumbre repentino de nós mesmos, estremecemos. Pois estamos despedaçados. Nada sobrevive. O nada que nós compartilhamos é o que há de real. É isso que aparecemos para mostrar. Que a demonstração é, ou deveria ser, nossa pesquisa constante".

Aproprie-se disso.

É possível viver *E pluribus unum*?

Como uma cidadã naturalizada, estou tão conectada aos que dizem "volte para o lugar de onde você veio" ou "mandem-na de volta" quanto estou ao processo democrático que me nomeia como cidadã americana. E por mais incompreensível que eu seja para qualquer outra pessoa, permaneço eternamente em relação com todo mundo.

Eu não sou uma parte do um, mas sou um.

Uma amiga terminou de ler as últimas páginas de *Só nós* e disse com indiferença que não há nada de novo aqui. Não?, eu perguntei. Sua impaciência tinha a ver com um desejo por um determinado tipo de ação. Como dizer a ela, a resposta é minha estratégia. Respostas infinitas e pesquisa e ajustes e acordos tornam-se uma vida. O que eu não disse a ela, mas deveria ter dito, é que não é a novidade da supremacia branca e não é a novidade da minha investigação o que me levam de volta à página para me engajar novamente.

Nosso silêncio, nossa recusa do desconforto, nossa cegueira intencional, o sentimento de defensiva que recusa o envolvimento, a raiva que cancela a complexidade da resposta também são estratégias. Assim como a necessidade de respostas e novas estratégias. Um pedido por estratégias é uma estratégia, e eu respeito e compreendo a necessidade desse pedido.

Para alguns de nós, e eu me incluo aqui, continuar no incômodo cotidiano é nossa forma de nos mantermos leais, até que uma outra estratégia ofereça um novo caminho, um caminho ainda-inimaginado que permita o fim da replicação das estruturas existentes. Até lá, renunciar à capacidade de tentar outra vez, de conversar outra vez, de falar com o outro, de questionar e de ouvir, é ser cúmplice da violência de uma estrutura imutável que luta contra a consciência e o movimento constante de cada um de nós.

É desse jeito que eu não me deixo esquecer da fidelidade dos que se comprometeram com o longo prazo. O pessoal dos direitos civis com uma perspectiva religiosa talvez seja o mais admirável. Pessoas como Ruby Sales, que segue comprometida em combater o que chama de "a cultura da branquitude", sempre teve meu respeito infinito. Em 1965, quando um homem branco, Jonathan Daniels, derrubou-a, levando assim um tiro de espingarda destinado a ela, disparado por outro homem branco, Tom Coleman, ela disse que esteve entre o melhor e o pior que nossa democracia tem a oferecer.

Existirmos em meio a um nevoeiro ao lado uns dos outros nos convoca a seguir em frente. Eu não quero me esquecer de que estou aqui, de que a qualquer momento nós estamos, cada um de nós, perto de qualquer um capaz do melhor e do pior que nossa democracia tem a oferecer.

Não há além da cidadania.

Um desconhecido me diz que ele pensava que o objetivo era se entender como diferente dos demais, mas então veio a compreender suas semelhanças. Ele passou a se entender como alguém vivendo também entre outros humanos que não são brancos, vivendo numa estrutura montada para retirar direitos daqueles outros.

Arthur Jafa dizia: "Como uma pessoa negra, você conhece a branquitude [e] a experimenta — como você abarca isso e as pessoas brancas que você conhece e ama?". Posso estender isso a todas as pessoas que você conhece e ama. Cada uma. Uma de cada vez.

Nossas vidas poderiam encenar um amor por leituras minuciosas de quem cada uma de nós é, o amor de um alguém recém-formado, "alguém" recém-concebido feito de públicos obscuros, embora sentidos e não nomeados num futuro ainda não imaginado.

O que eu sei é um desejo imperfeito por um futuro outro que não esse que parece estar se formando nos nossos dias e me faz sentar ao redor de qualquer mesa e me debruçar, responder, esperar por uma resposta de qualquer outro.

Diga-me alguma coisa, uma coisa, a coisa, me diz aquela coisa. ●

Agradecimentos

"espaços liminares i" foi publicado pela primeira vez na *New York Times Magazine*, na edição impressa como "Brief Encounters with White Men" [Breves encontros com homens brancos] e online como "I Wanted to Know What White Men Thought About Their Privilege. So I Asked" [Eu queria saber o que homens brancos pensavam sobre seus privilégios. Então perguntei].

Uma versão preliminar de "liberdades cúmplices" foi apresentada pela primeira vez na BBC Radio com o título "Claudia Rankine: On Whiteness" [Claudia Rankine: Sobre a branquitude], produzido por Jo Wheeler.

As imagens de cabelos loiros aparecem pela primeira vez em "Stamped", uma colaboração com John Lucas na Pioneer Works.

Este livro não teria sido possível sem o acompanhamento rigoroso e solidário de Jeff Shotts, Fiona McCrae, Chantz Erolin, Katie Dublinski, e todos da Graywolf Press que apoiaram sua publicação.

Eu gostaria de agradecer especialmente a todos aqueles que se apresentaram como leitores e compartilharam de seu tempo e de seu brilhantismo na criação de *Só nós*: Nuar Alsadir, Catherine Barnett, Alexandra Bell, Lauren Berlant, Jen Bervin, Sarah Blake, Jericho Brown, Jane Caflisch, P. Carl, Prudence Carter, Jeff Clark, Allison Coudert, Whitney Dow, Teresita Fernández, Adam Fitzgerald, Roxane Gay, Louise Glück, Sana Goldberg, Michael Goodman, Karen Green,

Catherine Gund, Claire Gutierrez, Navi Hafez, James Heyman, Christine Hume, Kassidi Jones, Titus Kaphar, Nancy Kuhl, Charlotte LaGarde, Deana Lawson, Walt Lehmann, Casey Llewellyn, Beth Loffreda, Tracy Biga MacLean, Tracey Meares, Leah Mirakhor, Maryam I. Parhizkar, Mark Peterson, Adam Plunkett, Kathryn Potts, Corey Ruzicano, Sarah Schulman, Cera Smith, Kristen Tracy, Jennifer Ullman, Maggie Winslow e Damon Zappacosta.

E para aquelas sempre presentes nas complexidades do meu dia a dia, Emily Skillings, Frances Coady, Ana Paula Simões e Alison Granucci, minha imensurável gratidão.

Agradecimentos especialmente sinceros aos meus colaboradores constantes John Lucas e Ula Lucas por seu amor, apoio e paciência imortais.

Créditos

p. 22: Da coleção de Hermann Zschiegner

p. 26: © Claudia Rankine

p. 28: © Campanha Reflective Democracy

p. 30: Reproduzida com a autorização da reverenda Traci Blackmon

p. 31: © Claudia Rankine

p. 36: Titus Kaphar, *Error of repetition {where are you?}*,
2011, óleo sobre tela. Imagem cortesia do artista

p. 38: Manthia Diawara, "Conversation with Édouard Glissant Aboard
the *Queen Mary II*", de *Edouard Glissant: One World in Relation* (2009)

p. 40: © John Lucas e Claudia Rankine

pp. 44, 46, 48: © John Lucas

p. 62 [acima]: Cortesia de Ruby Sales

p. 62 [abaixo]: Cortesia do Instituto de Arquivos Militares da Virgínia

p. 72: © David Gifford/ Science Photo Library

p. 82: © Reginald Seabrooks

p. 88: Da coleção de imagens e arquivos da família de Todd-Bingham,
banco de dados de imagens digitais, manuscritos e arquivos
da Universidade Yale, em New Haven, Connecticut

p. 94: © Paul Graham

p. 100: © Mark Peterson

p. 106: © Bettman/ Getty Images

pp. 116-25: Com base nos fac-símiles de cortesia da
Biblioteca Beinecke, Universidade Yale

p. 130: © Bettman/ Getty Images

pp. 134, 138, 148: © Mark Peterson

p. 152: Hank Willis Thomas, *ALL LI ES MATTER*. Uma edição especial
beneficente para Public Art Fund, 2019. Tela impressa com aplicação de
verniz sobre papel preto 270 g/m². Dimensões sem moldura 60 × 45 cm

p. 164: Garry Winogrand, *Laughing Woman with Ice Cream Cone*. © Espólio
de Garry Winogrand. Cortesia da Fraenkel Gallery, San Francisco

pp. 168-9: © M. Evenson

p. 188: © Michael David Murphy

p. 194: © Urban-Brookings Tax Policy Center

p. 196: © Mark Peterson

pp. 204, 206, 208, 210, 214: De *Irmã Outsider*, de Audre Lorde, publicado no Brasil pela editora Autêntica. © Audre Lorde, 1984, 2007. Usado com a autorização da agência literária Charlotte Sheedy

pp. 212-3: © John Lucas

p. 236: © Bettman/ Getty Images

p. 242: © John Lucas

p. 248: "Afro-Latino: A Deeply Rooted Identity among U.S. Hispanics", Pew Research Center, Washington, DC, 1 mar. 2016, <https://www.pewresearch.org/fact-tank/2016/03/01/afro-latino-a-deeply-rooted-identity-among-u-s-hispanics/>

p. 252 [acima]: © Kevin Mazur/ Getty Images

p. 252 [abaixo]: © Michael S. Schwartz/ Getty Images

p. 254: © *Los Angeles Times*, 1946. Usado mediante autorização

p. 260: © Mathew Thompson, <https://matthewthompsonphotography.com/>

pp. 270, 271, 273: © Mark Peterson

pp. 276-7, 283, 286: © John Lucas e Claudia Rankine

p. 290: © Deana Lawson

p. 291: © John Lucas e Claudia Rankine

p. 296: © Lee Balterman/ Coleção Premium da revista *Life*/ Getty Images

p. 297: © John Lucas

pp. 298-300, 305, 309-10: © John Lucas e Claudia Rankine

p. 312: © Charlotte Lagarde

p. 328: Da *The Atlantic* © The Atlantic Monthly Group LLC, 2014. Todos os direitos reservados. Usado sob licença

p. 334: Hank Willis Thomas, *Pledge* © Hank Willis Thomas. Cortesia do artista e da galeria Jack Shainman, Nova York

p. 336: *The Washington Post*/ Getty Images

p. 338: Traduzido da Wikipédia, usado sob uma licença Creative Common, <https://en.wikipedia.org/wiki/2008_United_States_presidential_election>

Just Us: An American Conversation © Claudia Rankine, 2020, Minneapolis, 2020. Publicado mediante acordo com Graywolf Press.

Todos os direitos desta edição reservados à Todavia.

Grafia atualizada segundo o Acordo Ortográfico da Língua Portuguesa de 1990, que entrou em vigor no Brasil em 2009.

capa e ilustração de capa
Giulia Fagundes
tratamento de imagens
Carlos Mesquita
preparação
Manoela Sawitzki
revisão
Jane Pessoa
Eloah Pina

Dados Internacionais de Catalogação na Publicação (CIP)
— —
Rankine, Claudia (1963-)
Só nós: Uma conversa americana: Claudia Rankine
Título original: *Just Us: An American Conversation*
Tradução: Stephanie Borges
São Paulo: Todavia, 1ª ed., 2021
352 páginas

ISBN 978-65-5692-149-5

1. Literatura americana 2. Antologia I. Borges, Stephanie II. Título

CDD 810
— —
Índice para catálogo sistemático:
1. Literatura americana 810

todavia
Rua Luís Anhaia, 44
05433.020 São Paulo SP
T. 55 11. 3094 0500
www.todavialivros.com.br

fonte
Register*
papel
Pólen soft 80 g/m²
impressão
Ipsis